HEYNE

ANNA D. GARUDA ist Diplomastrologin und psychologische Beraterin.
Seit über 15 Jahren begleitet sie in eigener Praxis Menschen auf ihrem Weg
zu mehr Gesundheit, Wohlbefinden und Lebensfreude.

ANNA D. GARUDA

ASTROered*RELAX*

Skorpion

Gesundheit für
Körper, Geist und Seele

Wilhelm Heyne Verlag
München

HEYNE ASTROLOGIE
14/426

Umwelthinweis:
Dieses Buch wurde auf
chlor- und säurefreiem Papier gedruckt.

Alle Angaben in diesem Buch sind sorgfältig recherchiert. Für den Erfolg bzw. die Richtigkeit der Anwendungen in jedem Einzelfall können Autorin und Verlag keinerlei Gewähr übernehmen.

Originalausgabe 12/2001
Copyright © 2001 by Wilhelm Heyne Verlag GmbH & Co. KG, München
http:/www.heyne.de
Printed in Germany 2001
Redaktion: Johann Lankes
Tierkreiszeichenillustration:
Konrad Dördelmann, Künstlergemeinschaft Hallbergmoos
Blumenillustration:
Tita Heydecker, Künstlergemeinschaft Hallbergmoos
Umschlagillustration:
Bavaria Bildagentur/FPG/V.C.L.
Umschlaggestaltung und Layout:
Eisele Grafik-Design, München
Herstellung:
H + G Lidl, München
Satz: Fotosatz Völkl, Puchheim
Druck und Bindung: Offizin Andersen Nexö Leipzig

ISBN 3-453-19971-5

INHALT

Danksagung	6

Der Skorpion

Persönlichkeit	8
Abbildung des Tierkreiszeichens	12
Steckbrief Skorpion	14
Prominente Skorpion-Geborene	15
Lebenswünsche des Skorpions	16

Gesundheitstipps für Körper, Geist und Seele

- Astrologische Zuordnungen — 20
- Aderlass und Eigenbluttherapie — 22
- Akupunktur — 24
- Amulette und Talismane — 28
- Aromatherapie — 29
- Aufladen der Grundenergie — 31
- Bach-Blüten — 33
- Biochemie (Schüßler-Salze) — 37
- Blutegeltherapie — 39
- Chinesische Kräutermedizin — 41
- Diät — 43
- Farbtherapie — 44
- Fitness — 46
- Heilsteine — 48
- Hexenmagie — 52
- Homöopathie — 54
- Hydrotherapie, Algen und andere Powermacher — 58
- Hypnose — 60
- Indianerritual — 61
- Liebespflanzen — 62
- Massage, Saugen, Schröpfen — 66
- Orthomolekulare Therapie — 68
- Power-(Buddha-)Armbänder — 72
- Räucherungen — 74
- Shiatsu — 75
- Spagyrische Heilweise — 78
- Tarot — 81
- Tibetische Heilkunst — 82
- Traumdeutung — 84
- Urintherapie — 86
- Wasser mit heilender Wirkung — 87
- Wohlfühltag(e) — 89
- Zahlenmagie — 91

Zukunft: Ihr persönliches Jahresschicksal

Ihre Jahres- oder Ereigniszahl	98

ANHANG

Ihr Aszendent	**120**
Aszendententabelle	121
Aszendent Widder	124
Aszendent Stier	127
Aszendent Zwillinge	130
Aszendent Krebs	133
Aszendent Löwe	136
Aszendent Jungfrau	139
Aszendent Waage	142
Aszendent Skorpion	145
Aszendent Schütze	148
Aszendent Steinbock	151
Aszendent Wassermann	154
Aszendent Fische	157

Kontaktadressen und Literaturempfehlungen — 160

Weitere Bücher und Kontaktadresse der Autorin	175

DANKSAGUNG

Ein herzliches Dankeschön für die Unterstützung in allen medizinischen Fragen möchte ich Frau Dr. Aletta Georgii, Hautärztin und Akupunkteurin, München, Frau Dr. Monika Volz-Osenberg, Akupunktur und Chinesische Medizin, Wiesbaden, Frau Dr. Dorothea Fuckert, Waldbrunn, Frau Proeller von der Firma Soluna (Spagyrik), Herrn Richard Mayer-Sonnenburg, Heilpraktiker und Kinesiologe, Augsburg, und Herrn Dr. Andreas Müller, Leiter des Hyperbaren Sauerstoffzentrums in München, aussprechen.

Meine aufrichtige Anerkennung gilt auch dem Künstler Konrad Dördelmann, der mit viel Liebe zum Detail und zur Kunst die symbolträchtige Tierkreiszeichen-Serie erstellte. Ebenso gebührt mein Dank der Künstlerin Tita Heydecker, die ihre ausdrucksstarken Blumenbilder für die Tierkreisbücher zur Verfügung stellte. Die Zusammenarbeit mit so vielen engagierten Menschen ist mir stets eine wahre Herzensfreude!

Der Skorpion

Persönlichkeit

Geben Sie sich einmal auf einer Party als Skorpion aus! Sie werden extreme Reaktionen zu spüren bekommen: von respektvoller Bewunderung bis zu lautstarker Ablehnung, von Furcht bis hin zu anzüglichen Vermutungen bezüglich Ihres Liebeslebens! Wie erkennen Sie nun einen Skorpion? Nicht leicht, denn er tritt gern inkognito auf oder wirkt auf den ersten Blick unscheinbar! Sie müssen schon genauer hinschauen. Beobachten Sie einmal seine Augen: Sie haben etwas Durchbohrendes und sein Blick wirkt magisch-hypnotisierend.

Einen Skorpion erkennt man nicht leicht, denn er tritt gern inkognito auf.

Wenn ein Skorpion selbst bemerkt hat, dass seine Augen ihn verraten, wird er häufig eine Sonnenbrille tragen. Und wenn Sie das Glück haben, mit ihm ins Gespräch zu kommen, dann fällt auf, dass er mit seinen Äußerungen niemals zurückhaltend ist, sondern verbal gern den Finger auf offene Wunden legt. Plappert er munter drauflos und wandern seine Augen unruhig hin und her, dann trickst er Sie ganz raffiniert aus (oder ist von einem Zwillinge-Aszendenten geplagt – eine astrologische Ausnahmesituation).

Welche Hobbys hat ein Skorpion?

Spielerisches eignet sich nicht für den Skorpion, denn da stehen ihm sein Perfektionismus und seine Ernsthaftigkeit im Weg. Thriller oder Pornos sprechen ihn an (»Die Vögel«, »Psycho«, »Rosemaries Baby« und Ähnliches). Ist er künstlerisch begabt, liebt er vielleicht Tätowieren, expressionistische Malerei, chinesische Oper, Schauspiel, Tragödie oder provokative Kunst (Beuys). Auch musikalische Extreme mag er sehr!

Persönlichkeit

Ein Skorpion überdeckt mit gespielter Gelassenheit sein aufgewühltes Innenleben. Er beherrscht sich selbst und manchmal auch andere meisterhaft. Seine Mitmenschen durchbohrt er gern unbarmherzig mit seinen psychischen Röntgenstrahlen, er selbst jedoch versteckt sich unter einer Tarnkappe. Er weiß, wer er ist, und deshalb können Sie ihn kaum beleidigen oder mit Komplimenten beeindrucken. Schmeicheln ist unter seiner Würde, denn sein Herrscher ist *Pluto*, der für Tod und Wiedergeburt zuständig ist!

Lieben Sie einen *Skorpion-Mann*? Dann sind Sie eine Frau, die auch nicht gerade auf kleiner Flamme kocht – zumindest was Ihre Emotionen betrifft –, ansonsten wären Sie schon längst davongelaufen. Ihr »Stacheltier« denkt und verhält sich in allem sehr extrem, sei es in Politik, Arbeit, Freundschaften, Essen, Weltanschauungen oder familiären Bindungen. Äußerlich ist ein Skorpion-Mann selbstbeherrscht, doch in ihm lodern die Flammen hoch. Brandwunden in seinem Herzen heilen erst nach Jahren – denken Sie daran! Sie brauchen auf jeden Fall eine feuerfeste Aura und ein inneres Kühlthermostat, dann können Sie mit ihm glücklich werden.

Dieser Mann hat Sie irgendwie fasziniert, nicht kalt gelassen oder sogar magisch angezogen. Er ist sehr vernünftig und intelligent, doch eben auch besitzergreifend und gern etwas zerstörerisch. Er liebt Ausschweifungen sowohl beim Essen und Trinken als auch bei Genussmitteln und in der Liebe. Sie sollten ihn nicht verletzen, denn er *muss* extrem darauf reagieren: Entweder setzt er seinen tödlichen Stachel ein, der lebenslange Wunden schlagen kann, oder etwas in ihm stirbt grausam ab, vor allem wenn er bei diesem Beziehungsmatch verloren hat. In beiden Fällen kann jahrelanger Hass zurückbleiben.

Diesem Mann ist es völlig gleichgültig, was andere von ihm

Der Skorpion-Geborene beherrscht sich selbst und manchmal auch andere.

denken. Er ist ein Meister der geschickten Kontrolle. Er wird all Ihre weiblichen Geheimnisse ergründen. Unterwürfigkeit und behutsames Vorgehen sind ihm fremd. Manche spielen sogar gern ein »Wer-kann-dich-schon-lieben-Spiel?«, und das kann wehtun, wenn Sie nicht selbst eine Spur von seinem schwarzen Humor besitzen! Wen er liebt, den verteidigt er allerdings ein Leben lang. Widerstand ist zwecklos, denn Ihre Flamme hat bereits gezündet, d. h., er hat Sie schon in seinen Bann gezogen – also lassen wir die Einwände, denn Sie sind ja kein ängstliches Mädchen!

Eine Skorpion-Frau übermittelt ihre Botschaften meist schweigend.

Lieben Sie eine *Skorpion-Frau*? Dann hat Sie diese geheimnisvolle, stolze, unergründliche, schweigende und selbstsichere Magierin schon verzaubert. Eine Skorpion-Frau wirkt auf ganz andere Weise als ein feuriges Widder-, Löwe- oder Schütze-Kätzchen. Sie redet viel weniger als eine Zwillinge-Frau und schmachtet nicht so sehnsuchtsvoll wie ein Krebs. Ihr Blick hat etwas Magisches – damit kann sie sowohl verführen als auch schmerzhaft strafen. Mit billigen Verführungstricks und Schmeicheleien kamen Sie bei ihr mit Sicherheit nicht an. Diese Frau hat nämlich Ihr Innenleben durchleuchtet und weiß, mit wem sie es zu tun hat. Und Sie haben ganz sicherlich einen *Pluto*-Spannungsaspekt im Geburtshoroskop! Sie mag noch so weiblich auftreten, innerlich ist sie dem Skorpion-Mann sehr ähnlich.

Sie sollten Ihre Liebste nicht eifersüchtig machen, denn diese Frau wollte Ihnen ein Leben lang treu bleiben und hat ihre eigene Energie zurückgenommen, damit sie Ihnen helfen kann, Ihre Ziele zu erreichen. Sie wird Sie nach außen hin verteidigen wie der bissigste Kampfhund. Diese Liebe sollten Sie nicht auf die leichte Schulter nehmen, denn keiner verlässt ungestraft einen Skorpion – ob männlich oder weiblich.

Persönlichkeit

> ### Der sportliche Skorpion
>
> *Der Skorpion sucht das Extreme. Schon bei den Saunagängen dreht er die Hitze auf Maximum und gießt noch drei Kellen Menthol darauf. Nach jeder Fast-Katastrophe fühlen sich Skorpione wie neugeboren. Wussten Sie, dass die meisten Teilnehmer an Survivaltrainings Skorpione sind? Die Frau, die sich auf den verbotenen Mönchsberg Athos wagte, und der Mann, der barfuß den Ätna bestieg, wurden unter diesem Tierkreiszeichen geboren. Jede Gruppenreise verwandelt sich im Nu in einen Psychoencounter, wenn ein Skorpion dabei ist. Ein echter Skorpion braucht selbst im Fitnesscenter ein wenig Kamikazefeeling!*

Jede Liaison mit einem Skorpion – ob weiblich oder männlich – hinterlässt einen nachhaltigen und intensiven Eindruck. Dieses Tierkreiszeichen ist auf keinen Fall leicht verdaulich, sondern viel eher magisch und tief.

Eine Liaison mit einem Skorpion bleibt unvergesslich.

Eine Skorpion-Frau ist besitzergreifend, doch sie hasst die Besitzansprüche anderer. Sie wird nicht so einfach loslassen, denn sie hat sich selbst und ihr Leben dieser Liebe hingegeben! Diese Frau ist wahrlich aufregend, denn man weiß heute nicht, was sie morgen wieder hervorzaubern wird – aber Sie wollten ja kein normales Wesen, sondern lieber etwas Ausgefallenes – bisweilen steckt eine Femme fatale in ihr!

Künstler: Konrad Dördelmann, Hallbergmoos
Dieses Tierkreiszeichen-Bild entstand als Ätzradierung in limitierter Auflage
im Format 20 x 15 cm. Das Original ist handkoloriert.

Diese Abbildung stammt aus einer Reihe von zwölf Tierkreiszeichen-Bildern, die auf dem Prinzip »Wie oben, so unten« basieren. Sie lehnen sich an das so genannte »senkrechte Weltbild« an, wobei sich die den Urprinzipien zugeschriebenen Kräfte in wesensverwandten Ausdrucks- und Gestaltungsformen auf allen möglichen Ebenen der Naturerscheinungen äußern.

Pluto symbolisiert Kollektivismus, Massenwahn, Massenveranstaltungen, Massenvergnügungen und Massentötungen. Die höchste Gestirndynamik im Hinblick auf Umbruch, Wende, Chaos, Kampf und Zerstörung des Alten geht vom 1930 entdeckten Planeten Pluto aus. In Verbindung mit uranischer Stärke symbolisieren sich hier die Technik, Maschinen, die Weltraumrakete und die Atombombe. Mit der Atombombe aber gelangten die plutonischen Kräfte der Zerstörung bereits an ein frühes Ziel der Zivilisationsvernichtung und die Gefahren für die Menschheit werden immer größer, wenn tote, vermaterialisierte Technik und lebendige innere Geisteshaltung miteinander nicht mehr Schritt halten können. Diese Divergenz zwischen dem technischen Golem und dem geistigen Homunkulus wird zum Faustproblem der gesamten Menschheit.

Der Herrscher des Skorpions ist der Planet Pluto.

Konrad Dördelmann

Steckbrief Skorpion

Jahreszeit:	Hochherbst (24. Oktober bis 23. November)
Element:	Wasser (das zweite des Wasserelements)
Geschlecht:	weiblich – negativ – Yin
Herrscher:	Pluto (das zersetzende Urprinzip)
Pflanzen:	Moosarten, Bilsenkraut, Stechapfel, Hanf, Orchideen (schönes Gift), Feigenbaum
Tiere:	eher Raubtiere, Reptilien, Schlangen, Hunde
Organe:	Ausscheidungs- und Geschlechtsorgane
Lebensphase:	63. Lebensjahr bis zum Tod
Kabbala:	Pluto war damals nicht bekannt, hier galt Mars, der zur 5. Sephiroth (Geburah) auf der passiven Säule der Härte und Stärke gehört.

Prominente Skorpion-Geborene

- 23.10. Adalbert Stifter
- 24.10. Kevin Kline
- 25.10. Chris Norman, Pablo Picasso, Beate Uhse
- 26.10. Hillary Clinton, Mahalia Jackson, François Mitterrand, Reza Pahlevi, Schah von Persien, Christian Ude
- 27.10. Niccolò Paganini
- 28.10. Bill Gates, Eros Ramazotti, Julia Roberts
- 29.10. Richard Dreyfuss, Peter Green, Kate Jackson, Winona Ryder
- 30.10. Diego Maradona
- 31.10. Salvatore Adamo, August Everding, Bud Spencer
- 01.11. Barbara Becker, Witta Pohl
- 02.11. Burt Lancaster, Nicki, Caroline Reiber
- 03.11. Charles Bronson, Vanessa Mae, Dennis Miller, Gerd Müller
- 05.11. Bryan Adams, Art Garfunkel, Vivien Leigh, Tatum O'Neal, Walter Plathe, Elke Sommer
- 06.11. Barbara Eligmann, Sally Field
- 07.11. Marie Curie
- 08.11. Alain Delon
- 09.11. Björn Engholm, Peter Hahne, Sonja Kirchberger, Didi Thurau
- 10.11. Richard Burton, Martin Luther, Paracelsus, Tim Rice, Roy Scheider, Friedrich Schiller
- 11.11. Fjodor Dostojewsky, Demi Moore
- 12.11. Victor von Bülow (Loriot), Michael Ende, Grace Kelly, Stefanie Powers, Auguste Rodin
- 13.11. Susann Atwell, Whoopi Goldberg
- 14.11. Astrid Lindgren, Prinz Charles, Gunter Sachs
- 15.11. Helmut Fischer, Gerhart Hauptmann, Erwin Rommel
- 16.11. Amanda Lear
- 17.11. Curt Goetz, Rock Hudson, Danny de Vito
- 18.11. Linda Evans, Kim Wilde
- 19.11. Indira Gandhi, Calvin Klein, Jodie Foster, Meg Ryan, Kathey Segal
- 20.11. Kati Böhm, Bo Derek, Robert Kennedy
- 21.11. Goldie Hawn, Voltaire
- 22.11. Boris Becker, Jamie Lee Curtis, George Eliot, Charles de Gaulle, Billie Jean King

Lebenswünsche des Skorpions

Positiv: Ein echter Skorpion will und kann über sich hinauswachsen. Eines seiner Lebensmottos: Der größte Sieg ist der Sieg über sich selbst. Er will und kann den Hintergrund oder Urgrund der Dinge um jeden Preis enthüllen. Doch er stellt auch sehr hohe Ansprüche an sich selbst. Ein positiver Skorpion besitzt eine Menge Idealismus, aber auch Opferbereitschaft und eine immense Wandlungsfähigkeit.

Negativ: Ein Zuviel der skorpionischen Energie führt dazu, dass das Leben durch Modellvorstellungen, die man Ideale nennt, vergewaltigt wird; einige der Skorpion-Geborenen gehen daran sogar zugrunde. Dies zieht sehr extreme Reaktionen nach sich: Fanatismus, Masochismus, psychischen Machthunger, der schier unstillbar scheint, großes Misstrauen, verletzenden Sadismus und kalte Verbissenheit.

Gesundheitstipps für Körper, Geist und Seele

»Es ist wichtig, den Körper mit der Seele
und die Seele durch den Körper zu heilen!«
OSCAR WILDE

Sie sehen anhand der kleinen Charakterisierung des Skorpion-Menschen im vorangegangenen Kapitel und der im Anhang folgenden Aszendentenbeschreibung einen kleinen Ausschnitt des breiten Spektrums der Astrologie. Man könnte ein ganzes Buch nur über einen Menschen und dessen Geburtshoroskop füllen!

Nutzen Sie die Astrologie, um mehr über sich zu erfahren.

So ist die Astrologie für mich auch nach 20 Jahren Praxis ein immer wieder spannendes und sehr intellektuelles Hilfsmittel, um Körper, Geist und Seele eines Menschen besser ergründen zu können. Durch die Anregungen der Astrologie kann man seine Persönlichkeit zur vollen Blüte entfalten und fröhlich zum Ausdruck bringen. Dieses Wissen gibt aber auch den Anstoß zu vermehrtem Verständnis und zu mehr Toleranz für unsere Mitmenschen und für uns selbst.

In den zwölf Tierkreiszeichen-Büchern dieser Reihe habe ich alles zusammengetragen, was Sie wissen müssen, damit Sie sich wohl fühlen – egal ob Ihre *Sonne* in diesem Tierkreiszeichen steht oder Ihr Aszendent sich darin befindet. Mithilfe der Tabelle auf Seite 121 ff. können Sie Ihren Aszendenten (falls Sie ihn noch nicht kennen sollten) leicht selbst herausfinden. Die nachfolgenden Empfehlungen wirken sich sowohl auf Ihr *Sonnen*-Zeichen als auch auf Ihren Aszendenten sehr positiv aus, denn zum Wohlfühlen sind immer beide Punkte von großer Bedeutung.

Auf den nachfolgenden Seiten finden Sie eine Menge Tipps und alternative Therapien, auf die Sie nach meiner langjährigen Erfahrung dank Ihres persönlichen Tierkreiszeichens sehr gut ansprechen werden. Doch auch Menschen, die ein oder zwei Planeten im achten Haus des Geburtshoroskops oder im Skorpion platziert haben, reagieren positiv auf die genannten Therapien. Ähnliches gilt auch, wenn auffällige Aspekte des *Pluto* vorhanden sind.

Noch ein weiterer Tipp für Fortgeschrittene: Schauen Sie in Ihrem Geburtshoroskop nach, welches Tierkreiszeichen das *achte* Haus belegt. Dieses Haus im Geburtshoroskop weist ebenfalls darauf hin, wo wir in alten Sippenmustern gefangen sind, wo wir schwer loslassen können und wo wir therapeutisch (Pluto) am besten ansetzen können. Das Tierkreiszeichen, das im achten Haus steht, zeigt darüber hinaus die für Sie wirksamsten Therapieformen auf.

Fazit: Wer seine *Sonne*, seinen *Aszendenten* oder seine *Planeten* im Skorpion mit den angebotenen Therapien stärkt, hat wesentlich mehr Energien fürs Leben zur Verfügung. Und daraus folgt: Damit steigt auch die Lebensfreude. Die gesellschaftliche Struktur in den westlichen Industrienationen zwingt uns fast unbemerkt, auf Kosten der Gesundheit dem Geld nachzujagen. Danach sind wir gezwungen – weil uns diese Lebensform krank gemacht hat –, mit unserem Geld der Gesundheit nachzujagen.

Stärken Sie sich mit den Gesundheitstipps, dann haben Sie mehr Lebensenergie.

Nach dem Studium Ihres Wohlfühlbuches für Ihr Tierkreiszeichen und für Ihren Aszendenten wissen Sie, wie Sie sich seelisch, geistig und körperlich gesund erhalten können. Aus dem reichhaltigen Angebot der Tipps ist ganz sicher auch für Sie etwas dabei. Ein besonderer Service steht auf den letzten Seiten dieses Buches: Kontaktadressen und Literaturempfehlungen für die angebotenen Therapien.

Ich wünsche Ihnen viel Freude auf dieser spannenden Reise, einige wertvolle Erkenntnisse und viele hilfreiche Ansätze für eine bewusstere und positivere Lebensgestaltung!

Skorpion: Astrologische Zuordnungen

Skorpion: 24. September bis 23. Oktober
Element: Wasser
Herrscher: Pluto
Primär: Geschlechts- und Ausscheidungsorgane, Gebärmutter, Hoden, Mastdarm
Sekundär: Blase, Hals, Kehle, Mandeln, Nase

Lassen Sie Altes los, damit Neues entstehen kann.

Skorpion-Anfälligkeiten: Blasenleiden, unreines Blut, Erkrankungen im Bereich der Geschlechtsorgane, Furunkel, Geschlechtskrankheiten, Hämorrhoiden, Hautkrankheiten, Nasenpolypen, Nasenkatarrhe, Neurasthenie, Nierensteine, Rheuma, Urinverhaltung

Pluto = Symbol für Tod und Wiedergeburt, Unbewusstes, Zerstörung und Wiederaufbau

Pluto-Krankheiten: Amputationen, Erkrankungen durch das Kollektivgeschehen (durch Epidemien, Katastrophen, Krieg, Terror o. Ä.), nachteilige Operationen, Verwachsungen

Diagnose: Bei den meisten Skorpion-Pluto-Erkrankungen handelt es sich um Stirb-und-werde-Prozesse. Etwas Altes sollte losgelassen werden, damit etwas Neues daraus entstehen kann. Doch genau dieses Loslassen fällt dem Skorpion schwer. Im Geburtshoroskop des Betroffenen und meist ausgelöst durch anspruchsvolle Lerntransite findet man oft schwierige Aspekte des *Pluto* (oder Planeten im Zeichen Skorpion bzw. im achten Haus).

Günstige Therapien: Amulette, Akupunktur, Aromatherapie, Aura Soma, autogenes Training, Bach-Blüten-Therapie, Baunscheidtverfahren, Biochemie, Blutegel als Aderlass, Diät, Dickdarmspülungen, Düfte, Eigenbluttherapie, extreme Therapieformen, Fangoschlamm, Farbtherapie, Fasten als Therapie, Heilsteine, Hydrotherapie, Hormontherapie, Homöopathie, Hypnosetherapien, Massage, Orthomolekulare Therapie, Power-Armbänder, Ritual zum Aufladen der Wasserenergie, extreme Sauna, Schröpfen, Shiatsu, spagyrische Heilweisen, Traumdeutung, tibetische Heilkunst

Ist eine Betonung des Skorpion-Prinzips im Geburtshoroskop ersichtlich, dann helfen ergänzend zu den oben genannten Therapien meist nur heftige oder dramatische tiefenpsychologische Prozesse. In vielen Fällen können nur kathartische Grenzerfahrungen alle knebelnden inneren Bindungen aufbrechen. Systemische Therapien wie Hypnose und Rückführungen können unter Umständen diesen Prozess unterstützen. Wichtig für Sie ist, dass das fremdbestimmte Lebensprogramm durch den eigenen Lebensweg ersetzt werden muss. Nur so können Körper, Geist und Seele dauerhaft geheilt werden!

Tipp: Ein praktischer »Wegweiser durch alle Selbsthilfegruppen« ist im Psychosozial Verlag (Adresse siehe Anhang) erschienen.

Suchen Sie sich aus den nachfolgenden Tipps die am besten für Sie geeigneten heraus!

Leben Sie Ihr eigenes Leben!

Aderlass und Eigenbluttherapie

Auch die normale Blutspende kann als Aderlass betrachtet werden.

Bereits in der Antike wurde der Aderlass mit Erfolg als Ausleitungsverfahren angewendet. Selbst Hippokrates benutzte diese Therapie als krampf- und schmerzstillende Methode und setzte sie auch bei akuten Entzündungen ein. Nach dem Mittelalter geriet der Aderlass jedoch in Verruf, doch B. Aschner hat ihn wieder als eine sehr tiefgreifende Umstimmungsmethode in Erinnerung gebracht. Besonders für Skorpion-Menschen, denen auch das Loslassen in jeder Form zugeordnet ist, kann der Aderlass als blutverdünnende Therapie vor allem bei Herz- und Kreislauferkrankungen sehr zu empfehlen sein. Dieser Blutentzug bewirkt eine Verbesserung der Mikrozirkulation in schlecht durchbluteten Arealen des Körpers. Doch auch der periphere Gefäßwiderstand wird durch den Aderlass positiv beeinflusst, das Herzzeitvolumen wird erhöht und die Durchblutung verbessert. Der Aderlass ist somit eine wunderbare Vorsorge- und Behandlungstherapie bei hohem Blutdruck, Herzinfarkt, Schlaganfall, Störungen im Fettstoffwechsel, bei chronischen Krankheiten, Rheuma, Gicht und vielem mehr.

Zwei Formen des Aderlasses sind mir bekannt:
- Der *Volumen-Aderlass,* bei dem etwa einmal monatlich bis zu 500 ml Blut abgenommen wird.
- Der *Hildegard-Aderlass,* der am ersten bis fünften Tag nach dem Vollmond durchgeführt wird. Hier werden je nach Färbung des Blutes jeweils ca. 150–180 ml Blut abgenommen.

Eine ganz preiswerte Form des Aderlasses wäre die Blutspende im Gesundheitsamt, die Sie alle drei Monate durchführen

Gesundheitstipps

können, wenn keine ansteckenden Krankheiten vorliegen. Den Aderlass kann je nach Krankheitsbild oder Risikofaktoren Ihr Hausarzt durchführen bzw. als Vorsorgemaßnahme Ihr behandelnder Heilpraktiker!

Aber auch die *Eigenbluttherapie* ist äußerst hilfreich, wenn Sie unter chronischen Erkrankungen, akuten Entzündungen, unter Allergien, Asthma, Hautkrankheiten, Durchblutungsstörungen, allgemeiner Abwehrschwäche oder Rheuma leiden.

Dazu wird eine kleine Menge Blut aus der Armvene entnommen, mit einer homöopathischen Mischung (z. B. Echinacea oder anderen immunstärkenden Präparaten) vermischt und wieder in einen Muskel injiziert – bei akuten Beschwerden öfters (acht bis zehn Behandlungen), bei chronischen Erkrankungen ein- bis zweimal wöchentlich über längere Zeit hinweg. Dies ist wohl die häufigste Form der Eigenbluttherapie.

Bei der *aktivierten* Eigenbluttherapie wird das Blut vor der Injektion zusätzlich angereichert und mit UV-Licht bestrahlt.

Bei der *potenzierten* Eigenblutbehandlung wird ein Tropfen Blut nach homöopathischen Vorschriften verdünnt und zur oralen Einnahme verabreicht. Diese Methode eignet sich vor allem für Kinder oder sehr sensible Menschen, die Angst vor Injektionen haben. Die gängigsten Eigenblutbehandlungen führt auch Ihr Hausarzt durch; dadurch werden Ihre Selbstheilungskräfte aktiviert und Ihre chronischen Leiden gelindert!

Durch Eigenbluttherapie werden Ihre Selbstheilungskräfte aktiviert.

Akupunktur

Das Stechen der Nadel symbolisiert die skorpionische Energie. Akupunkturbehandlungen wirken in erster Linie auf den Körper, in zweiter Linie auf Geist und Seele. In Europa wurde die Akupunktur, das Stechen mit Nadeln zu therapeutischen Zwecken, erstmals 1657 bekannt. Einen eingehenden Bericht über diese Behandlungsmethode verfasste 1683 Dr. Wilhelm Ten Rhyne, der als Arzt bei der Ostindischen Handelskompanie tätig war. 1824 erschien die erste deutschsprachige Veröffentlichung über Akupunktur. Das älteste medizinische Werk, der »Innere Klassiker des Gelben Fürsten«, das zwischen dem 2. Jahrhundert v. Chr. und dem 2. Jahrhundert n. Chr. zusammengestellt wurde, bettet dieses Therapieverfahren erstmals in die gesamte chinesische Medizin ein. Diese chinesische Medizin beschreibt seit einigen tausend Jahren den Menschen als Teil eines kosmischen energetischen Wirkgefüges.

Der Mensch ist ein Abbild natürlicher Harmonie zwischen Himmel und Erde, zwischen den Polen *Yin* (weibliche Energie) und *Yang* (männliche Energie). Ein chinesischer Arzt interessiert sich für alle den Menschen betreffenden energetischen Phänomene, für alle aktiven und passiven Lebensäußerungen: für Bedürfnisse (z. B. Schlaf-wach-Rhythmus, besondere Vorlieben für bestimmte Nahrungsmittel), für Emotionen und vitale Körperfunktionen, weil sie eventuelle Disharmonien des energetischen Gesamtgefüges des menschlichen Individuums anzeigen können. Die Traditionelle Chinesische Medizin (TCM) versteht den Menschen als ein energetisches Gefüge. Das energetische Potenzial (Lebensenergie), *Qi* genannt, fließt nach den Erfahrungen der alten Ärzte in zyklischer

Akupunkturbehandlungen wirken auf Körper, Geist und Seele.

Abfolge auf definierten Leitbahnen von der Körpermitte zu den Enden der Extremitäten und wieder zurück.

Im Westen ist aus der chinesischen Medizin die Akupunktur zuerst bekannt geworden. Diese Therapie zielt auf die Harmonisierung der Energien des Menschen. Im Laufe der Jahrtausende sind deren Erkenntnisse nach und nach in das Gesamtsystem der chinesischen Medizin eingebettet worden und haben aufgrund einer unendlich breiten und langen klinischen Erfahrung eine ausgereifte therapeutische Stabilität gewonnen.

Durch Akupunktur werden die Energien in Harmonie gebracht.

Nach Vorstellung der TCM beeinflussen sich alle körperlichen und psychischen Vorgänge gegenseitig. Gesundheit ist nur möglich, wenn die Lebensenergie (Qi) ausgewogen vorhanden ist. Krankheit ist immer Ausdruck einer Behinderung des Energieflusses, die durch unterschiedliche Faktoren verursacht wird: Hitze, Kälte, Wind, Trockenheit, Feuchtigkeit, Freude, Angst, Zorn, Trauer, Sorgen, Erbkrankheiten, ungesunde Lebensweise, Drogen, Alkohol oder Traumata.

Die chinesische Medizin kennt zwölf Hauptmeridiane und acht Sondermeridiane. Die Yin-Meridiane verlaufen an der Innenseite des Körpers; die Yang-Meridiane auf der Außenseite. In diesen Meridianen bewegt sich das *Qi*, die Lebensenergie.

Je nach Krankheitsbild oder energetischer Blockade setzt der Akupunkteur ganz gezielt sehr dünne Nadeln an ausgewählten Punkten ein, um das in der Anamnese festgestellte Ungleichgewicht wiederherzustellen. Normalerweise werden bis zu 15 Nadeln verwendet, die ca. 20 bis 30 Minuten an den entsprechenden Körperstellen verbleiben.

Aus westlich-schulmedizinischer Sicht beschreibt Prof. Dr. Claus C. Schnorrenberger die Wirkung des Stichreizes bei der Akupunktur wie folgt:

1. Durch Einstich der Nadel werden örtlich nervale Rezeptoren angesprochen,
2. der empfangene Reiz läuft zentralwärts über das Rückenmark zum Gehirn,
3. nach Eintreffen der Erregung »feuern« verschiedene Neuronen (Nervenzellen) elektrische Impulse in die Gehirnabschnitte bis hinauf in die Hirnrinde und
4. die nervösen – elektrischen – Signale werden in chemische Botschaften umgesetzt.

Akupunktur stärkt das Immunsystem.

Die Traditionelle Chinesische Medizin erklärt die Wirkung der Akupunktur nur über eine Harmonisierung des energetischen Flusses:
1. durch Stützung bestimmter Energien und
2. durch Ausleitung von so genannten Schrägläufigkeiten (Ursachen der pathologischen Symptome).

Die Akupunktur wirkt auf das zentrale und periphere Nervensystem, auf »Körpersäfte« und Hormone. Sie beeinflusst die Blutzirkulation und stärkt das Immunsystem. Durch die Akupunkturnadeln werden aber auch Nervenzellen stimuliert und dadurch Impulse an das Rückenmark weitergeleitet. Studien weisen außerdem eine Verbesserung der Durchblutung und eine Herabsetzung des Muskel- und Bindegewebetonus nach. Die Weltgesundheitsorganisation (WHO) empfiehlt eine Akupunkturbehandlung vor allem bei neurologischen, orthopädischen Erkrankungen (Ischialgien, Neuralgien, Migräne, Kopfschmerzen), bei Krankheiten der Verdauungsorgane (Gastritis, Obstipation), bei akuten oder chronischen Atemwegserkrankungen (Sinusitis, Bronchitis, Asthma), bei rheumatischen Erkrankungen, Augenkrankheiten, bei gynäkologischen Erkrankungen, Hautkrankheiten und Allergien. Sogar bei Operationen kann man durch Akupunktur Narkosemittel einsparen, aber auch in der Schmerztherapie ist Akupunktur sehr erfolgreich anwendbar.

Die klassische Akupunktur wird auch oft mit anderen Therapieverfahren kombiniert: Moxibustion, Chinesische Kräutermedizin (natürliche Arzneimittel pflanzlichen, tierischen und mineralischen Ursprungs; die Rezeptur wird in der Regel als Abkochung verordnet), Tuina- und An-Mo-Massage, Qi Gong und Tai-Chi.

Akupunktur hat sich in der Schmerztherapie sehr bewährt.

Für die Diagnostik verwendet ein chinesischer Arzt auch die Pulsdiagnose. Sie hat aber auch in anderen fernöstlichen Medizinkulturen, z. B. beim Ayurveda und in der tibetischen Medizin, große Bedeutung. Der Puls wird immer am Handgelenk beider Arme jeweils an drei Stellen oberflächlich und tief getestet. Stärke und Art der Pulswellen sind wichtig für die Diagnose. Diese zwölf Pulsstellen werden verschiedenen Meridianen zugeordnet und geben Auskunft über den Zustand der damit verbundenen Organe. Die chinesische Medizin unterscheidet 28 pathologische Pulse, und das erfordert viel Erfahrung vonseiten des Therapeuten, um die feinen Unterschiede erkennen zu können. Die Pulsdiagnose kann auch noch mit der Zungendiagnose kombiniert werden.

In vielen Fällen bewilligt die Krankenkasse eine Heilbehandlung mit Akupunktur oder zahlt einen Teil der anfallenden Kosten. Viele Literaturempfehlungen und Kontaktadressen über Akupunktur finden Sie im Anhang.

Amulette und Talismane

Talismane geben Kraft und bringen Glück.

Amulette und Talismane sind Begleiter der Menschheit seit Anfang der Geschichte. Zusätzlich zu historischen Fakten, die die hier beschriebenen Zeichen betreffen, besteht die Hypothese, dass sie durch ihre Form über eine starke Kraft verfügen, was von zeitgenössischen Bioenergietherapeuten immer wieder bestätigt wird.

Der *Mondpentakel* symbolisiert Reichtum, Vermehrung des Vermögens und Schutz vor Dieben. Der Pentakel stammt aus einer Sammlung der magischen Planetenpentakel (Schilde) von Salomon Trismosin, einem Alchimisten und Übersetzer der magischen Werke aus dem alten Ägypten ins Griechische. Wenn der Pentakel nicht getragen wird, soll er mit einem Leinentuch umwickelt aufbewahrt werden.

Ganz passend für den Skorpion ist aber auch *Alpha und Omega*, ein Talisman der großen Weisheit, der mit göttlicher Erkenntnis oder mit Gott selbst assoziiert wird. Alpha und Omega ist Anfang und Ende und enthält das ganze Alphabet. Die Linie Alpha bezeichnet das Wasser und Leben, sie wird mit der Linie vom Omega ausgeglichen, die ein Symbol des Feuers und Todes ist. Alpha und Omega symbolisieren Vergangenheit und Zukunft. Dieser Talisman schenkt Ihnen die Lebensweisheit, dass in Ihrer Gegenwart die Zukunft anhand Ihrer Erfahrungen der Vergangenheit gestaltet wird. Mit diesem Zeichen erreichen Sie große Erkenntnis, tiefen Glauben und einen umfassenden Geist. Dadurch wird es Ihnen möglich, alle Schwierigkeiten des irdischen Lebens zu besiegen. Das göttliche Monogramm schützt vor bösem Schicksal, vor Unfällen und vor Kräften, die zu bösen Handlungen verleiten. Bezugsquellen finden Sie am Ende dieses Buches!

Aromatherapie

Viele Skorpion-Geborene besitzen äußerst empfindliche Nasen und einen stark ausgeprägten Geruchssinn. Was liegt also näher, als sie mit Aromaölen zu stimulieren und zu heilen, denn sie reagieren stark auf sinnliche Düfte.
Ätherische Öle erwecken die Sinne und wirken auf Seele, Körper und Geist. Die ätherischen Öle von Heilpflanzen sind lebende seelische Essenzen, die direkt die Hypophyse beeinflussen. Dort sitzt die Zentraleinheit unserer Sinne, unser »drittes Auge«, das zwischen geistigem Bewusstsein und der unbewussten Welt unserer Körperorgane vermittelt.
Aromaöle werden durch verschiedene Verfahren aus Pflanzen und Pflanzenteilen gewonnen. Die häufigste Methode ist die Wasserdampfdestillation. Dabei werden die Blüten einer Pflanze auf ein Gitter gelegt, an dem Wasserdampf vorbeigeleitet wird. Beim Vorbeistreichen nimmt der Wasserdampf die ätherischen Öle der Pflanze auf. Der Wasserdampf wird dann aufgefangen, abgekühlt und das so gewonnene Wasser enthält jetzt auch das entsprechende ätherische Öl. Mithilfe von Alkohol wird es vom Wasser getrennt und ist dann 100-prozentig rein. Bei der Anwendung wird nicht die konzentrierte Form der Pflanzenessenz, sondern nur eine Verdünnung davon verwendet. *Vorsicht:* Ätherische Öle sollten Sie niemals einnehmen!
Galbanum wirkt auf die Psyche harmonisierend sowie auf die Gebärmutter entkrampfend und ist daher ein sehr wichtiges Duftöl für Skorpion-Frauen. Dieser sehr befreiende Duft mit einer allgemein beruhigenden Note löst nicht nur Verkrampfungen in der Seele, sondern hat auch eine krampflösende Wirkung auf die Muskulatur.

Ätherische Öle werden aus Pflanzen gewonnen.

Der *Jasmin* löst vor allem Verspannungen, aber er wird auch sehr erfolgreich bei Depressionen eingesetzt, denn er regt die Intuition und Sinnlichkeit eines eher unterdrücken Skorpion-Menschen an. Dieser blumig-süße Duft hilft Ihnen über die emotionalen Schwierigkeiten des Alltags hinweg. Jasmin ist auch nervenberuhigend, ausgleichend und antidepressiv. Er lindert alle psychosomatischen Erkrankungen und schenkt Ihnen wieder mehr Optimismus und Lebensmut. Bei Gicht, Menstruationsschmerzen, Muskelverhärtung oder Krampfadern kann man mit Jasminöl die schmerzenden Stellen einreiben.

Der Jasminduft wirkt auf einen Skorpion ausgleichend und antidepressiv.

Die *Rose* bringt einen verhärteten Skorpion wieder in seine Herzensmitte und hilft auch bei Erkrankungen oder Störungen der Fortpflanzungs- und Sexualorgane. Dieser Duft dringt direkt zum Herzen vor und kräftigt nicht nur das Organ selbst, sondern auch die Gefühle von Liebe und Zuneigung. Der sanfte Rosenduft inspiriert zu mehr Tatendrang und lockt einsame, zurückgezogen lebende oder depressive Menschen aus ihrem Versteck. Das hautpflegende Rosenöl gibt besonders trockener oder empfindlicher Haut mehr Schutz und strafft und verjüngt gleichzeitig die Haut (entdeckt bei der Fa. Soluna, siehe unter »Spagyrische Heilweisen«).

Sowohl *Rosmarin* als auch *Ingwer* wirken stärkend auf die Persönlichkeit eines Skorpion-Geborenen. Dadurch wird es möglich, bereits lange und zeitweise massiv vorhandene unterschwellige Gefühle zum Ausdruck zu bringen. Viele weitere Informationen, Buchtipps und Kontaktadressen finden Sie im Anhang.

Gesundheitstipps

Aufladen der eigenen Grundenergie

Sonnenzeichen und Aszendent verraten die grundlegende Vitalität eines Menschen. Sie zeigen »das Bewusstsein unserer Wurzeln« an. Sie als *Wasserzeichen* beziehen Ihre Grundenergie vor allem aus Ihren Gefühlen und es ist Ihr emotionaler Zustand, der Ihr Verhalten bestimmt. Tiefe emotionale Sehnsüchte gehören bei Wasserzeichen zum Grundantrieb des Handelns.

Die meisten Wasserzeichen (Krebs, Skorpion und Fische) empfinden das Selbst, projiziert auf die Natur, als »anfällig für Leiden« und daher schutzbedürftig. Sie können sich »in die Gefühle anderer hineinversetzen«, was sie zum »hilfreichen Wächter«, jedoch auch zum »listigen Feind« machen kann.

Jeder Mensch muss sein grundlegendes Energiefeld »nähren«, das uns *Sonne* und *Aszendent* verrät. Vernachlässigen wir diese Aufladung, fühlen wir uns bald erschöpft, irritiert und sind für physische und psychische Störungen anfällig. Das Element unseres Sonnenzeichens und des Aszendenten ist der Brennstoff, den wir zum Leben benötigen. Er ist die Quelle unserer Vitalität, die Tankstelle, die uns immer neue Lebenskraft liefert.

Als Wasserzeichen brauchen Sie unbedingt den Umgang mit anderen »wässrigen« Menschen und intensive emotionale Beteiligung bei allem, was Sie tun. Sie können nicht distanziert von Ihrer Erfahrung leben und deshalb ist es wichtig, dass Sie sich eine Arbeit oder Aktivität aussuchen, die es Ihnen erlaubt, Ihre Gefühle voll zum Ausdruck zu bringen. Sie als Wasserzeichen verringern Ihre Grundenergie, wenn Sie zu weit weg vom *Wasser* leben. Flüsse, Seen, Bäche oder der Ozean tun Ihnen wirklich gut. Sie fühlen sich psychisch und

Laden Sie regelmäßig Ihr Energiefeld auf, sonst fühlen Sie sich schnell kraftlos.

emotional am wohlsten, wenn Sie die Gelegenheit haben, in fließendes Wasser einzutauchen oder zumindest in der Nähe von Wasser zu sein. Alternativ dazu empfiehlt sich natürlich regelmäßiges Duschen oder Baden und große Flüssigkeitszufuhr durch Trinken. Auch der Hellseher Edgar Cayce (ein Fische-Mensch) hatte herausgefunden, dass er seine medialen Fähigkeiten viel effektiver in der Nähe von Wasser einsetzen konnte.

Setzen Sie sich mit Ihren Träumen und Wünschen aktiv auseinander.

Ein Ungleichgewicht der Wasserenergie führt bei Skorpion-Geborenen immer zu psychischen, emotionalen und physischen Problemen. Sie können sich dann nur schwer in die Gefühle anderer hineinversetzen, aber auch mit den eigenen Empfindungen und emotionalen Bedürfnissen erhalten Sie nur schwer Kontakt. Körperlich führt dies zu einer übermäßigen Giftansammlung in den Organen. Bevor Sie nicht akzeptieren, dass Sehnsüchte ein Verlangen der Seele nach Befreiung oder letzter Klarheit sind, können Sie Ihre größten Stärken nicht wirksam einsetzen!

Übrigens sind die *Undinen* die *Wassergeister* und man kann sie nur durch Festigkeit kontrollieren. Wir sehen hier, dass »wässrige« Menschen wie Sie sich selbst gegenüber fest sein sollten. Wenn Gefühle außer Kontrolle geraten, ist immer das einzig wirksame Gegenmittel die Festigkeit. Wasserzeichen mit der Gabe der Festigkeit gewinnen enorm an Ausstrahlung!

Bach-Blüten

Bach-Blüten-Essenzen sind in England und anderen angelsächsischen Ländern seit ca. 50 Jahren in Gebrauch. Sie gelten als feinstoffliche Heilmethode und wurden von dem englischen Arzt Dr. Edward Bach in den 30er-Jahren des vergangenen Jahrhunderts entwickelt. Er beschäftigte sich zunächst mit Homöopathie und erstellte aus den von ihm entdeckten Darmbakterien Bach-Nosoden. Mit 44 Jahren gab er Praxis und Labor auf, um nach pflanzlichen Alternativen zu seinen bakteriellen Nosoden zu suchen. Seine spezifisch heilenden Pflanzen nannte er »Reharmonisierungstropfen«.

Bach-Blüten bringen Sie Ihrer Seele näher.

Edward Bach schreibt: »Krankheit ist weder Grausamkeit noch Strafe, sondern einzig und allein ein Korrektiv, ein Werkzeug, dessen sich unsere Seele bedient, um uns auf unsere eigenen Fehler hinzuweisen, um uns vor größeren Irrtümern zurückzuhalten, um uns daran zu hindern, noch mehr Schaden anzurichten, und um uns auf den Weg der Wahrheit und des Lichts zurückzubringen, von dem wir nie hätten abkommen sollen.«

Zusätzlich zu den 38 Essenzen hat Bach die »Notfalltropfen« entwickelt, die bei seelischen Schockzuständen oder großer innerer Anspannung helfen.

Bach-Blüten eignen sich vor allem zur Behandlung psychischer Zustände sowie zur positiven Beeinflussung negativer Charakterzüge. Sie wirken also vornehmlich auf Geist und Seele ein, doch häufig bessern sich dadurch auch körperliche Krankheiten. An erster Stelle ist dem Skorpion aus astromedizinischer Sicht die Essenz von *Holly* zugeordnet. Danach folgen *Cherry Plum, Rock Water, Pine* und/oder *Mustard*. Mechthild Scheffer beschreibt diese Mittel wie folgt:

Holly: Eifersucht – Misstrauen – Hass- oder Neidgefühle!
- Sind Sie häufig unzufrieden, unglücklich, frustriert, doch Sie wissen nicht, warum?
- Spüren Sie des Öfteren Hass- oder Neidgefühle anderen Menschen gegenüber?
- Sind Sie oft eifersüchtig, misstrauisch oder hegen Sie bisweilen sogar Rachegefühle?
- Besitzen Sie eine gute Portion Schadenfreude?
- Fürchten Sie des Öfteren, von anderen hintergangen zu werden?
- Gibt es häufig Missverständnisse zwischen Ihnen und anderen Menschen?
- Beklagen Sie sich immer wieder über andere Menschen?
- Wittern Sie öfters hinter vielem etwas Negatives?
- Verdächtigen Sie leicht andere Menschen?
- Fühlen Sie sich häufig gekränkt oder verletzt?
- Setzen Sie andere Menschen des Öfteren innerlich herab?

Mit dem Fragenkatalog finden Sie Ihr Heilmittel.

Haben Sie einige dieser Fragen mit Ja beantwortet, dann könnte Holly eines Ihrer momentanen Mittel sein!

Cherry Plum: Angst davor, innerlich loszulassen; Angst, den Verstand zu verlieren; Angst vor seelischen Kurzschlusshandlungen; unbeherrschte Temperamentsausbrüche!
- Fühlen Sie sich seelisch wie extrem gestaut?
- Ringen Sie des Öfteren um Ihre Selbstbeherrschung?
- Sind Sie verzweifelt oder stehen Sie kurz vor einem Nervenzusammenbruch?
- Befürchten Sie, dass man gegen Ihren Willen etwas Schreckliches anrichtet?
- Haben Sie Angst vor diesen unkontrollierbaren Kräften in Ihrem Inneren?

Gesundheitstipps

- Fürchten Sie, verrückt zu werden, durchzudrehen oder in eine Nervenheilanstalt zu müssen?
- Haben Sie das Gefühl, auf einem Pulverfass zu sitzen?
- Spielen Sie mit dem Gedanken, mit Ihrem Leben Schluss zu machen?
- Neigen Sie zurzeit zu Zwangsvorstellungen oder Wahnideen?
- Fürchten Sie als Elternteil, dass Ihnen die Hand bei den Kindern »ausrutscht« oder gar, dass Sie Ihre Kinder misshandeln?

Haben Sie mehrere dieser Fragen mit Ja beantwortet, dann könnte Cherry Plum eines Ihrer aktuellen Mittel sein!

Rock Water: Strenge und starre Ansichten – unterdrückte Bedürfnisse – man ist zu hart zu sich selbst!
- Besitzen Sie ein starkes Perfektionsstreben?
- Unterwerfen Sie Ihr Leben strengen Theorien oder manchmal übertriebenen Idealvorstellungen?
- Versagen Sie sich vieles, weil Sie glauben, dass es sich mit Ihrem Lebensprinzip nicht vereinbaren lässt?
- Tun Sie alles, um in Höchstform zu kommen und zu bleiben, wird Selbstdisziplin bei Ihnen groß geschrieben?
- Haben Sie sich hohe Maßstäbe gesetzt und zwingen Sie sich fast bis zur Selbstaufgabe, danach zu leben?
- Erkennen Sie nicht, welchen Zwängen Sie sich täglich unterwerfen oder aussetzen?
- Leben Sie eine falsch verstandene Spiritualität: nur ganz bestimmte Meditationstechniken, Diätvorschriften u. Ä.?
- Streben Sie fast zwanghaft nach geistiger Höherentwicklung?
- Glauben Sie, dass weltliche Gelüste Ihre geistige Entwicklung behindern?

Die Fragen, die Sie mit Ja beantworten, geben einen wichtigen Hinweis auf Ihr Heilmittel.

- Unterdrücken Sie des Öfteren wesentliche körperliche oder emotionale Bedürfnisse?
- Sind Sie strikter Vegetarier, Makrobiot oder Antialkoholiker?
- Machen Sie sich selbst Vorwürfe, wenn Sie Ihre strengen Disziplinen nicht durchhalten können?

Haben Sie mehrere dieser Fragen mit Ja beantwortet, dann könnte Rock Water eines Ihrer aktuellen Mittel sein!

Wo erhalte ich die Bach-Blüten?

Ein erfahrener Heilpraktiker ermittelt für Sie die geeignete Mixtur.

Vielleicht kennen Sie einen guten, auf dem Gebiet der Bach-Blüten-Therapie erfahrenen Heilpraktiker oder Homöopathen, der die für Sie passende Mixtur ermittelt oder Ihnen das fertige Fläschchen entweder gleich mitgibt oder Ihnen ein Rezept für die Apotheke ausstellt. Eine fachlich gute Beratung durch einen geeigneten Therapeuten empfiehlt sich vor allem dann, wenn Sie selbst noch nie in Kontakt mit den Bach-Blüten gekommen sind.

Sind Sie mittlerweile schon ein kleiner »Profi« geworden und beherrschen die Eigendiagnose, dann können Sie sich nach sorgfältiger Auswahl die entsprechende Mischung in fast allen Apotheken zusammenstellen lassen. Man kann bis zu sechs verschiedene Blütenessenzen miteinander kombinieren, doch meine Erfahrung zeigt, dass die Wirkung schneller und stärker eintritt, je weniger Blütenessenzen gleichzeitig eingenommen wurden (maximal vier bis fünf). Daueranwender besorgen sich die Konzentratfläschchen direkt beim Bach-Center und mischen sich die Heilmittel jeweils nach Bedarf selbst zusammen. Weitere Tipps finden Sie im Anhang.

Biochemie

Unter Biochemie versteht man im Allgemeinen die Lehre von der chemischen Zusammensetzung der Lebewesen und den chemischen Vorgängen in den Lebewesen sowie im Besonderen die Lehre des Oldenburger Arztes Wilhelm Heinrich Schüßler (1821–1898). Schüßler war eifriger Verfechter des homöopathischen Gedankenguts. Bei seinen Forschungen richtete er sein Augenmerk auf die Mineralsalze und deren Wirksamkeit. Er entwickelte den Leitsatz: »Die im Blute und in den Geweben vertretenen anorganischen Stoffe genügen zur Heilung aller Krankheiten, die überhaupt heilbar sind.« 1874 veröffentlichte er Anleitungen zur biochemischen Behandlung von Krankheiten unter dem Titel »Eine abgekürzte Therapie«. Besserung oder Heilung ist nur möglich, wenn die den Zellen fehlenden Stoffe direkt (durch den Blutstrom) zugeführt werden oder wenn eine Entgiftung der Zellen durch gesundes Blut geschehen kann.

Schüßler-Salze lösen krank machende Blockaden im Körper.

Schüßler verwendet in seinem Heilsystem nur solche Mineralien, die im Körper, im Blut und in den Geweben in chemischer Bildung vorhanden sind. Durch die Biochemie kann die gestörte physiologische Chemie des Körpers direkt korrigiert werden. Die Schüßler-Salze werden in niedrigen Potenzen von D 3 bis D 12 eingenommen. Sie sind preiswert als Tabletten oder Salbe in der Apotheke erhältlich.
Astromedizinisch wird dem Skorpion *Natrium sulfuricum (Natr. sulf.) = schwefelsaures Natron (Glaubersalz)* und *Kalium sulfuricum (Kal. sulf.) = schwefelsaures Kalium* zur Entgiftung zugeordnet. Der biochemische Arzt Dr. med Konrad Grams beschreibt diese Mittel wie folgt:
Natrium sulfuricum findet sich in den Flüssigkeiten unseres

Körpers. Es hat ebenso wie Kochsalz die Eigenschaft, Wasser anzuziehen und den Körper zu entwässern. Wenn das Salz fehlt, so entsteht eine allgemeine Ödembildung und Überladung des Blutes mit Harnsäure. Es ist deshalb auch das Hauptmittel bei allen Leberleiden wie Gallensteine, Gelbsucht, grünlichen Durchfällen, Malaria und Wassersucht. Karlsbad verdankt seinen Ruf nur diesem Salz. Natrium sulfuricum reguliert den Wassergehalt; die zu starke Milchabsonderung der Wöchnerinnen wird durch das Salz vermindert, während sie durch Calcium phosphoricum vermehrt wird. Auch bei leukämischen (bleichsüchtigen) Patienten und bei langwierigen Eiterungen ist an dieses Salz zu denken.

Kalium sulfuricum steht in Beziehung zur Oberhaut und ist nach Dr. Schüßler das Mittel für Katarrhe mit gelbschleimiger Absonderung. Es entspricht dem dritten Stadium einer Entzündung. Das Mittel ist außerdem hilfreich bei Hautausschlägen und bei Abschuppungen der Haut (Scharlach) oder nach Infektionskrankheiten. Beide Schüßler-Salze reinigen und entgiften den gesamten Organismus. Weitere Buchtipps und Kontaktadressen finden Sie im Anhang.

Die biochemischen Arzneien nach Schüßler umfassen zwölf Mittel.

Blutegeltherapie

Astrologisch werden dem Skorpion u. a. auch die Blutegel und die Piranhas als Tiere zugeordnet, und so passt die Blutegeltherapie hervorragend für alle skorpionbetonten Menschen. Dieses alte Ausleitungsverfahren wurde schon ca. 500 v. Chr. in Indien praktiziert, aber auch bei den Griechen angewendet. Inzwischen erlebt die Blutegeltherapie in der Naturheilkunde wieder starke Beachtung. Diese zwei bis vier Zentimeter großen Verwandten des Regenwurms besitzen drei Kiefer, die mit scharfen Zähnen versehen sind. Der Egel produziert in seinen Halsdrüsen den gerinnungshemmenden Stoff *Eglin*, der auch den Lymphstrom beschleunigt und antithrombotisch wirkt. Zudem haben die Wirkstoffe stark durchblutungsfördernde Eigenschaften und man kann diese Methode als »langsamen Aderlass« beschreiben, der Toxine ausleitet und zudem sehr entzündungshemmend wirkt.

Blutegel sind »heilsame Schmarotzer«.

Der Heilpraktiker reinigt Ihre Haut lediglich mit Wasser oder mit einem feuchten, warmen Tuch. Dann werden – je nach Art der Erkrankung – zwei bis zwölf Blutegel mit dem Kopf direkt auf die Bissstelle gesetzt. Die Tiere brauchen Ruhe und ein halbdunkles Zimmer, bis sie sich mit Ihrem Blut voll gesogen haben. Bitte niemals die Egel abreißen oder mit Salz bestreuen, sondern geduldig warten, bis sie satt sind und dann von alleine abfallen.

Danach kommt ein Verband auf die kleinen Bisswunden. Sie sollten an diesem Tag keinen Sport treiben.

Diese Behandlung eignet sich sehr gut bei entzündlichen venösen Krankheiten (Krampfadern), bei allen Gelenkerkrankungen und beim rheumatischen Formenkreis, bei akuter Gicht, lokalen Infektionen und sogar bei diversen Augenerkrankungen. Sehr empfehlenswert ist eine Daueranwendung auch bei hohem Blutdruck.

Nur Mut, lieber Skorpion, das tut gar nicht weh und *Pluto* will Ihnen ja ohnehin das Loslassen lernen. Wer für diese Therapie seelisch nicht geeignet ist (kann ich mir beim Skorpion zwar nicht vorstellen), kann natürlich auch vierteljährlich einfach zur Blutspende ins Gesundheitsamt gehen. Der Wirkeffekt ist sehr ähnlich.

Nur Mut, Skorpion, das könnte Ihnen gut tun!

Chinesische Kräutermedizin

Meist wird diese Therapieform zusätzlich zur Akupunktur verordnet. Da die Kräutermischungen abgekocht und als Absud über den Tag verteilt getrunken werden, passt diese Therapie hervorragend zu den wässrigen Tierkreiszeichen, die auf »flüssige Medizin« stets positiv ansprechen.

Die chinesische Medizin fand in den vergangenen Jahren immer mehr Beachtung und Zulauf. Schon im 16. Jahrhundert schrieb der Arzt und Naturforscher Li Shizhen seinen berühmten »Abriss der Kräutermedizin«. Das Werk umfasst 52 Schriftrollen und enthält 1892 verschiedene Arzneien sowie mehr als 10 000 Rezepturen. Es gilt immer noch als »Schatzhaus der chinesischen Medizin«.

Pflanzliche, mineralische und tierische Stoffe werden je nach Diagnose in einer individuell zusammengestellten Rezeptur verordnet. Die meisten Drogen sind pflanzlichen Ursprungs, einige stammen aus dem Mineralreich und ganz wenige aus dem Tierreich, wobei auf den Artenschutz geachtet wird.

Die Arzneimittel werden gekocht und als Dekokt (Absud) oder als Tee über den Tag verteilt getrunken. Es gibt aber auch Granulate (für die Urlaubszeit oder für Menschen, die viel unterwegs sind) oder Konzentrate (besonders für Kinder geeignet).

Die Ihnen von Ihrem Therapeuten verordnete Gesamtmenge ist meistens für acht Tage berechnet. Wundern Sie sich nicht über den interessanten Inhalt dieser Kräutermischungen: Da finden Sie auch Wurzeln und Rindenstücke und manch Undefinierbares – von den Gerüchen mal ganz abgesehen.

Die Kochzeit beträgt für die meisten Arzneimittel 20 Minuten; für mineralische eine Stunde, für Blätter und Blüten nur drei

Die Arzneimittel werden gekocht und als Tee über den Tag verteilt getrunken.

Minuten. Die genaue Angabe über die Kochzeiten stehen auf dem jeweiligen Beutel.

Schütten Sie den Inhalt des Beutels in einen großen Topf und gießen Sie etwa 1,5 Liter kaltes Wasser dazu. Lassen Sie jetzt Ihre Kräutermischung eine Stunde lang einweichen. Danach kochen Sie die Arzneimittel nach Empfehlung aus. Stellen Sie die Hitze so ein, dass die Mischung bei geschlossenem Deckel leise vor sich hin köchelt und die Kräuter immer gut mit Wasser bedeckt sind. Danach gießen Sie den Absud durch ein feines Sieb in ein großes Gefäß ab. Geben Sie die ausgekochten Kräuter wieder zurück in den Topf und übergießen Sie diese nochmals mit kaltem Wasser. Lassen Sie das Ganze wieder 30 Minuten kochen und vermischen Sie es danach mit dem Sud der ersten Abkochung.

Etwas abkühlen lassen und dann in zwei leere Flaschen füllen, die Sie im Kühlschrank aufbewahren. Eine Flasche enthält nun das Konzentrat für vier Tage. Nehmen Sie täglich einen Viertelliter aus der Vorratsflasche, die Sie zuvor gut geschüttelt haben. Füllen Sie diese Menge in eine kleinere, gut verschließbare Flasche und stocken Sie den Absud mit frisch abgekochtem Wasser auf drei Deziliter auf. Den Inhalt der kleinen Tagesration sollten Sie dann über den Tag verteilt zwischen den Mahlzeiten schluckweise trinken. Viele Buchtipps und Kontaktadressen zur chinesischen Medizin finden Sie im Anhang unter »Akupunktur«.

Achten Sie auf eine sorgfältige Zubereitung bei Ihrer Kräutermischung.

Diät

Astrologisch ist dem Skorpion vor allem die makrobiotische Ernährung zugeordnet, aber auch die Schroth-Kur oder die Saftkur nach Preuß sprechen bei diesem Zeichen sehr gut an. Bei einer *Schroth-Kur* werden im rhythmischen Wechsel Trockentage (Gemüsesuppe, Getreideschrot, eingeweichtes Trockenobst, Vollkornbrot und Nüsse) und Trinktage (Weißwein oder Obst- und Gemüsesäfte) eingelegt. Zusätzlich erhalten die Kurgäste täglich noch für zwei bis drei Stunden eine feucht-kalte Ganzkörperpackung.

Ein echter Skorpion ist oft zügellos und extrem – auch was das Essen anbelangt. Wollen Sie den üppigen Ringen um die Hüfte zu Leibe rücken? Dann empfiehlt sich bei Ihnen die *Suppendiät*. Dazu gibt es mittags und abends je eine Suppe nach Wahl, z. B. eine Lauchsuppe mit Möhren oder eine Champignoncremesuppe, die mit Zwiebeln angegart und mit Crème fraîche verfeinert wurde. Aber auch eine Blumenkohlsuppe mit Brotwürfeln und Kräutersalz schmeckt lecker. Oder probieren Sie zur Abwechslung eine Brokkolisuppe mit Kartoffeln oder eine Zucchinicremesuppe. Kennen Sie schon die Himmel-und-Erde-Suppe? Hier werden Kartoffeln, eine Birne, ein Apfel und eine Zwiebel angegart, mit Salz und Margarine gewürzt und alles anschließend püriert. Oder Sie erfinden sich ein neues Rezept für eine »Himmel-und-Hölle-Suppe« so ganz nach Skorpion-Geschmack!

Probieren Sie es einmal mit einer Suppendiät.

Farbtherapie

Ein echter Skorpion liebt die etwas gespannten Farben wie Granatrot, ein etwas giftiges Grün oder polare Farbmischungen wie Schwarz-Weiß, Blau-Rot oder Schwarz-Rot.

Tragen Sie öfters die Farben *Schwarz* und *Rot*, dann zeigen sich hier zwei gegensätzliche Energien, die in Ihnen wirken: heiß und kalt, Leben und Tod, Feuer und Kälte, Trauer und Freude, Liebe und Hass, Anziehung und Abneigung.

In der Psychologie spielen Farben eine große Rolle. Mithilfe von Farbtests kann man seine Persönlichkeit erforschen. Der bekannteste ist wohl der Lüscher-Farbtest, der mit acht Farben arbeitet: reines Gelb, helles Rot, Blaugrün, Dunkelblau (Indigo), helles Violett, mittleres Braun, Schwarz und mittleres Grau.

Dieser Test gibt Aufschluss über Ihre Verhaltens- und Denkformen, die Sie sich durch Erziehung und Umwelt antrainiert haben, über unbewusste emotionale Strukturen, über Ihre Willenkraft, Ihre Handlungen, Ihre Erwartungen an sich und an das Leben und über Ihre Antriebe und Bedürfnisse. Das könnte sicher spannend werden!

Farben gehören aber auch in der Behandlung von Krankheiten zu den modernsten, energetisch wie holistisch wirksamen Therapieverfahren.

Der Amerikaner Dr. Edwin Babitt kam hier zu weltweitem Ansehen und legte den Grundstein zur modernen Farbbestrahlungstherapie. Farbimpulse sind am erfolgreichsten, wenn sie auf die jeweiligen Akupunkturpunkte oder Energiezentren gerichtet werden.

Die Farbtherapie geht davon aus, dass die Frequenzen von Zellen gestört sind. So verwendet man z. B.

Die Farben Schwarz und Rot zeigen die zwei gegensätzlichen Energien, die Ihnen innewohnen.

- *Rotlicht* bei allen chronischen Erkrankungen und Durchblutungsstörungen;
- *Blaulicht* bei allen hitzigen und eitrigen Prozessen, bei Nervosität, Schlaflosigkeit, Koliken, Blutungen, Entzündungen und Schmerzen;
- *Gelblicht* bei körperlicher oder geistiger Müdigkeit, bei Schwäche des Drüsensystems, bei Erkrankungen des Magen-Darm-Traktes, der Leber, der Blase und der Niere;
- *Grünlicht* bei Augenleiden, Bronchialkatarrh, Keuchhusten, Gelenkentzündungen, Gicht, Diabetes, Schwellungen und Knotenbildung.

Wenn Farbimpulse auf Akupunkturpunkte oder Energiezentren gerichtet werden, sind sie am wirksamsten.

Während die Farb- bzw. Lichttherapie zumeist das sichtbare Licht als Heilungsfaktor einsetzt, nutzt die Phototherapie sichtbares und nicht sichtbares Licht zur Behandlung von Tumorpatienten. Hier wird mit UV-Licht oberhalb 340 nm (UV-A1) bestrahlt und man kann Erfolge nachweisen: Die Zahl der T-Helfer-Zellen steigt, das Immunsystem des Kranken reagiert rascher!

Fitness

Sauna ist Ihre Form der Fitness.

Die astrologisch-olympische Statistik beweist, dass alle Skorpione auch im Sport – nicht nur in der Liebe – recht extrem sind. Denken Sie nur mal an Diego Maradona (30.10.1960). In der Bundesliga-Statistik brillieren die Skorpione ganz vorne: Uwe Seeler, Gerd Müller, Stefan Kuntz. Unerbittlich jagen sie den Gegner und den Ball ins Tor.

Skorpione sind auch in der Sauna schnell zu erkennen: Sie drehen die Hitze auf Maximum und gießen noch drei Kellen reines Menthol über die Steine. Doch trotz allem: Die *Sauna* ist wirklich empfehlenswert für Skorpion-Geborene.

Ein echter Skorpion wird bisweilen zwanghaft, wenn er etwas liebt. Er sucht oder braucht die totale Herausforderung, so eine Art »Beinah-Katastrophe«, denn danach fühlt er sich jedes Mal wie neugeboren. Beim Survivaltraining ist er oft zu finden, aber auch bei den Motorradfahrern, die den Grand Canyon »überfliegen« wollen, und beim Rugby oder beim Schwertkampf. Einige toben sich auch beim Eishockey aus, denn ein bisschen wehtun darf es schon (den Skorpionen und den anderen). Klar, dass der Skorpion auch im *Tantra* (eine altindische Liebeskunst, der Schlüssel zu sexueller Freude) ein optimales Betätigungsfeld finden würde oder beim Bungeespringen so richtig in Form kommt. Einigen der männlichen Exemplare gefällt sicher auch ein Strip-Poker, wenn Damen mitspielen.

Ruhig Blut, lieber Skorpion! Ich hätte da eine Übung für Sie, mit der Sie Ihren Sexualtrieb vollkommen beherrschen können (Sie wollen doch immer alles unter Kontrolle haben). Lehnen Sie sich am Boden sitzend mit dem Rücken an eine Wand. Sitzen Sie aufrecht, damit Ihr Rücken gerade ist. Ziehen Sie

Ihre Beine an und lassen Sie die Knie auseinander fallen. Jetzt legen Sie die Fußsohlen aneinander und ziehen die Füße so weit wie möglich zu sich heran. Nun legen Sie Ihre Hände auf die Knie und drücken diese *sanft* (!) nach unten. Atmen Sie tief und entspannt ein und aus.

Es ist keine Blamage, wenn die Knie noch ein Stück vom Boden entfernt sind – Yogis sind auch nicht in dieser Stellung auf die Welt gekommen. Diese Übung kontrolliert Ihren Sexualtrieb, doch sie dehnt auch Schenkel- und Hüftmuskeln und Ihre gesamte Beckengegend wird wohltuend durchblutet. Buchtipps finden Sie unter »Yoga« und »Tantra« im Anhang.

Ein echter Skorpion kann fast alles, wenn er will.

Heilsteine

Heilsteine des Skorpions: Opal, Granat, Karneol, Onyx, Platin, Sardonyx.

Schon in der Steinzeit wurden die heilenden Eigenschaften bestimmter Steine erkannt. Die zwölf Grundsteine wurden den zwölf Tierkreiszeichen zugeordnet. Auch Hildegard von Bingen und Konrad von Magdeburg haben sich schon im frühen Mittelalter mit den heilenden Kräften der Steine befasst und ihre Erfahrungen weitergegeben.

Heilsteine und Mineralien sind von großer Bedeutung für unseren Körper. Sie wirken auf vielfache Weise und neutralisieren krank machende Einflüsse in unserem Organismus und in unserer Psyche. Edelsteine sind nicht nur bei Krankheit hilfreich, sondern sie besitzen stark vorbeugende Eigenschaften, und das ganz ohne Nebenwirkungen!

Natürlich ersetzen all die genannten Hilfs- und Heilmittel keinen Arzt und vor allem keine medizinische Diagnose. Bei akuten Erkrankungen sollten Sie immer Ihren Hausarzt aufsuchen! Aus astrologischer Sicht sind dem Skorpion folgende Heilsteine zugeordnet: *Feueropal, Gagat, dunkler Granat, gelbgrüner Karneol, Magnetit, schwarzer Opal (Edelopal), schwarzer Onyx, Platin, Pyrit* und *Sardonyx*.

Granat

Der Granat stärkt das Herz, den Herzrhythmus und Herzschlag und schützt ganz allgemein vor Koronarerkrankungen. Er regelt den Blutdruck und regt die Produktion der weißen Blutkörperchen an. Als Granat-Heilsteinewasser (ein paar Granate über Nacht in ein Glas Wasser legen und dieses morgens nüchtern trinken) schützt er vor Leukämie. Der Granat hält den Sexualtrieb bis ins hohe Alter aktiv und verhindert so Potenzschwierigkeiten oder Lustlosigkeit. Doch er stärkt auch die Haut, den Knochenbau und das Skelett. Durch seine aktivierende und heilende Energie auf den Blutkreislauf schützt er zudem vor Arthritis und Rheuma bzw. lindert diese Erkrankungen. Inneren Entzündungen und Furunkeln wirkt er entgegen, doch er hilft auch bei Gedächtnisschwäche. Durch seine starke Kraft auf das Blut stärkt er Nieren, Leber, Milz und Bauchspeicheldrüse.

Psychisch gesehen vertreibt er falsche Freunde und schenkt Ihnen treue Dienste in der Ehe. In partnerschaftlichen Krisenzeiten verfärbt sich der Granat dunkel bis schwarz: höchste Zeit, offen über alle Probleme zu reden! Zeigt Ihr Granat danach wieder sein typisches Rot, dann hat die Kraft der Liebe die Krise beendet.

Farbe: rot, dunkelrot und rotbraun.

Beobachten Sie einmal die farbliche Veränderung eines Granats bei Beziehungskrisen.

Schwarzer Opal

Der schwarze Opal regt die Bildung von Antikörpern an, die es ermöglichen, Bakterien und Viren schneller und wirkungsvoller zu bekämpfen. Er bewahrt das Blut, die Organe und Zellen vor Wucherungen und Geschwüren. Der schwarze Opal schützt aber auch die weiblichen und männlichen Geschlechts- und Fortpflanzungsorgane. Als Anhänger und Kette getragen hat er eine sehr vorbeugende Wirkung auf Entzündungen der Leber. Trinken Sie dazu jeden Morgen ein Glas Opal-Heilstein-Elixier (Opal über Nacht in ein Glas Wasser legen und dieses morgens nüchtern trinken), wenn Sie unter Hepatitis oder Leberschäden leiden.

Psychisch gesehen stärkt der Opal Ihre Ziele und Lebenswünsche. Er schützt Sie auch vor den Wünschen Ihrer Mitmenschen, die eigentlich nur erreichen wollen, dass Sie Ihre eigenen Bedürfnisse aufgeben. Schwarze Opale machen aus ihrem Träger selbstbewusste und charakterlich gefestigte Menschen

– am stärksten, wenn Sie diese mit Edelopalen mischen. Unter das Kopfkissen gelegt, lindert der Opal sogar Depressionen, Albträume und Ängste jeglicher Art. Mehr Lebensglück ist die Folge!
Farbe: schwarz.

Sardonyx

Als Anhänger oder Kette getragen reguliert und inspiriert dieser Heilstein die Drüsen, vor allem die Schilddrüse. Er bewahrt vor Infektionen, die über die Umwelt oder durch Stiche, Bisse und Ansteckung in den Körper gelangen. Er schützt den Nasen- und Rachenraum, den Kehlkopf, die Atemwege und die Lunge vor Entzündung und Vergiftung. Auch das Sardonyx-Heilstein-Elixier (ein bis zwei dieser Steine über Nacht in ein Glas Wasser legen und dieses morgens nüchtern trinken) ist für die Leber äußerst heilkräftig. Der Sardonyx zeigt durch Verfärbung der weißen Streifen Krankheiten der Leber an und hilft Leberentzündung oder Schrumpfleber zu heilen. Er ist aber auch bei neurotischem Schnupfen hilfreich, der sich durch nervliche Überlastung bei sensiblen Menschen einstellt. Durch Auflegen heilt er eitrige Wunden. Darüber hinaus hat er eine beruhigende und regenerierende Eigenschaft auf das Herz, die Nieren und die Nervenfasern und eignet sich als Therapiestein und -kette zum Schutz vor allerlei Krankheitsrückfällen.

Psychisch gesehen stärkt er Wahrheit und Gerechtigkeit. Er verhilft nicht nur seinem Träger zum Recht, sondern schenkt ihm auch mehr Akzeptanz durch andere Menschen. Der Sardonyx befreit von Depressionen und chronischer Angst vor Fremden. Er harmonisiert die Freundschaften und stärkt die Partnerschaft. Der Sardonyx bringt nicht nur Glück in der Liebe, sondern manchmal sogar Glück im Spiel. Eine Sardonyxkette hilft bei starker Trauer, aber auch bei Konzentrationsschwäche!
Farbe: schwarz mit hellen bis weißen Streifeneinschlüssen.

Der Opal stärkt Ihre Ziele und Lebenswünsche. Der Sardonyx hilft bei Konzentrationsschwäche.

Gesundheitstipps

Pflege der Heilsteine
Heilsteine, die ständig in Gebrauch sind, sollten mindestens einmal monatlich entladen und neu aufgeladen (gereinigt) werden. Doch nur die wenigsten vertragen ein Wasserbad. Die meisten Heilsteine sind als Trommelstein, Handschmeichler, als Rohstein, Donut, Anhänger, Kette oder Pyramide erhältlich. Zum Entladen genügt eine Hand voll Hämatit-Trommelsteine, in die Sie die Heilsteine über Nacht legen. Aufladen können Sie die Steine am besten in einer Schale mit Bergkristall-Trommelsteinen oder in einer Bergkristallgruppe, die in der Wohnung aufgestellt zudem äußerst dekorativ aussieht.

Heilsteine sind »wortlose« Helfer.

Heilstein-Essenzen können gerade für Wasserzeichen wie Sie sehr wirksam sein. Die Einnahme der Essenzen zielt auf seelische Wandlung und inneres Gleichgewicht ab und löst auf sanfte Weise mit der Zeit Blockaden auf. Wenn Sie sich dafür interessieren, wenden Sie sich an die Firma Methusalem. Viele weitere Buchtipps und Kontaktadressen finden Sie im Anhang unter »Heilsteine«.

Hexenmagie

Alle skorpionbetonten Menschen (im Geburtshoroskop finden sich Planeten oder Aszendent im Skorpion oder im achten Haus bzw. auffällige Pluto-Aspekte) haben von Natur aus sehr magische Kräfte. Deshalb sollten Sie mit allen Ritualen der weisen Frauen äußerst vorsichtig zu Werke gehen und nur sehr positive praktizieren. Die Grenze zur schwarzen Magie ist oft hauchdünn und äußerst gefährlich, denn eines Tages kommt die von Ihnen ausgesandte »energetische Ladung« wieder auf Sie zurück!

Hexen arbeiten mit magischen Ritualen.

Für Sie als Skorpion-Persönlichkeit eignet sich am besten das Ritual »Mit dem Herzen schauen« (viele weitere Rituale erkennt man am Geburtshoroskop; fragen Sie mich bei Bedarf). Dazu errichten Sie sich einen kleinen Glücks- oder Freudenaltar und schmücken diesen mit Gegenständen, die Ihnen Glück oder Frieden gebracht haben: mit schönen Bildern, kleinen Geschenken, frischen Blumen und brennenden Kerzen. Meditieren Sie liegend oder sitzend vor dem Altar und denken Sie über das Folgende nach:

Wir sind den ganzen Tag dem Urteil anderer ausgesetzt und revanchieren uns, indem wir über die anderen urteilen. Doch dieses »Pingpong« endet niemals und führt nicht zum Glück. Wir alle haben uns mehr oder weniger ans Urteilen, Beurteilen und Verurteilen gewöhnt, weil wir die Dinge nicht mehr sehen, wie sie wirklich sind, sondern nur durch einen Schleier aus Misstrauen oder Missgunst betrachten. Versuchen Sie deshalb, beim Betrachten verschiedener Dinge oder Alltagssituationen das Denken auszuschalten. Die Tibeter nennen dies »Das Schauen ohne Worte«. Anfangs wird sich der Kopf unbehaglich dabei fühlen, denn er möchte einen Kommentar

zum Geschauten abgeben. Dann sagen Sie ihm einfach: Sei ruhig, ich will mir diese Dinge nur anschauen. Wenn er gar nicht aufhört, hilft oft ein energisches *Stopp*.
Beginnen Sie anfangs mit neutralen Dingen (Blume, Haus, Auto, Straße, mit den Utensilien auf Ihrem Altar) und starten Sie nicht gleich mit Menschen (Ehemann, Ehefrau, Konkurrent, Kollege, Chef usw.). Betrachten Sie diese Dinge, ohne dass eine Beurteilung, Verurteilung oder Worte an sich mit ins Spiel kommen. Erst wenn Sie der Meinung sind, dass das »Mit-dem-Herzen-Schauen« bei kleinen Dingen schon gut funktioniert, dann setzen Sie diese neue Taktik auch bei Menschen ein, mit denen Sie gefühlsmäßig verbunden sind. Sie werden spüren und erleben, wie gut Ihnen diese neue Sichtweise tut, das »Schauen ohne Worte« bzw. das »Schauen mit dem Herzen«. Wer noch tiefer in die Hexenmagie eintauchen möchte, sollte sich auch den jährlich erscheinenden »Sibyllas Hexenkalender« besorgen.

Magische Rituale bringen Sie wieder In Ihre Mitte.

Interessieren Sie sich für *Geistheilung*? Dann wenden Sie sich an den Dachverband Geistiges Heilen (Adresse siehe Anhang).

Homöopathie

Der Grundsatz der Homöopathie lautet: Ähnliches mit Ähnlichem heilen.

Vor ca. 200 Jahren wurde die Homöopathie als die Kunst des naturgesetzmäßigen Heilens von dem Meißener Arzt Samuel Hahnemann begründet. Die Idee der Homöopathie lässt sich allerdings bis in die Ursprungsgeschichte der Menschheit zurückverfolgen. Diese Heilkunst funktioniert nach dem Grundsatz: »Ähnliches wird durch Ähnliches geheilt!« Hahnemann erkannte, dass Krankheit nichts anderes ist als die Verstimmung des »Lebenskräfte-Waltens«. Etwas, das unserem Bewusstsein fehlt (»Was fehlt Ihnen denn?«), wird durch ein Krankheitszeichen zum Ausdruck gebracht. Diese fehlende Information kann uns die Homöopathie wieder geben. Da Ähnliches mit Ähnlichem und nicht Gleiches mit Gleichem geheilt wird, muss die Information, die ein Heilmittel in sich trägt, für den Patienten verfeinert werden. Hoch aufbereitet kann das Heilmittel Licht ins Dunkel bringen. Die fehlende Information wird im Bewusstsein aufgenommen und der in die Körperlichkeit gefallene Bereich wird auf eine höhere Ebene transformiert.

Wie die Liebe, so ist auch die Homöopathie eine immaterielle Kraft auf höchster Schwingungsebene. Wer sich eine homöopathische Hausapotheke zulegen will, sollte sich geeignete Fachbücher holen und dabei anfangs mit niedrigeren Potenzen arbeiten.

Homöopathika wirken trotz ihrer hohen Verdünnung vor allem im zellmolekularen Bereich, denn sie können in unser menschliches Zentralnervensystem eintreten, ohne »anklopfen« zu müssen.

Die nachfolgende Zuteilung ersetzt auf keinen Fall die Anamnese durch einen geschulten Homöopathen. Nur in einem

zwei- bis dreistündigen Anamnesegespräch kann dieser Therapeut das für Sie zurzeit richtige Konstitutionsmittel herausfinden!
Die folgenden homöopathischen Mittel sind astromedizinisch dem Skorpion-Menschen zugeordnet: *Anthracinum anthrax, Asa foetida, Drosera, Hyoscyamus, Latrodectus, Luesinum, Medorrhinum, Mygale, Nitricum acidum, Nux vomica, Platinum, Pyrogenium, Sinusitis-Nosode, Stramonium, Sulfur* und *Tarantula*.

Hyoscyamus

Das Homöopathikum wird aus der ganzen, frischen, blühenden Pflanze des Bilsenkrauts zubereitet. Dieses Mittel wirkt am besten bei älteren Menschen, bei Personen, die häufig mit sich selbst reden oder in ihrer eigenen Welt leben. Hyoscyamus hilft geistig-seelisch oft bei unverständlichem, erregtem Benehmen, das nicht von Fieber oder Infektion herrührt; bei Ängstlichkeiten, bei Eifersucht, starkem Misstrauen, bei Neigung zu obszönen Reden und Handlungen.
Körperlich hilft das Mittel bei unwillkürlichen Zuckungen von Kopf, Armen und Händen, bei Husten, der sich beim Aufsitzen bessert, bei Muskelzuckungen, extrem empfindlicher Haut, bei dem Verlangen, sich auszuziehen oder die Bettdecke von sich zu werfen, bei ständigem Harndrang, bei dem wenig Urin fließt, bei häufigem Stuhlgang, wobei nur selten oder in kleinen Mengen Stuhl abgeht!

Folgende homöopathische Mittel werden dem Skorpion zugeordnet: Hyoscyamus, Nux vomica, Tarantula.

Nux vomica

Das Homöopathikum wird aus den reifen, getrockneten Samen der Brechnuss (Krähenauge) zubereitet. Das Mittel hilft geistig-seelisch bei fanatischem Perfektionismus, bei Reizbarkeit, bei Wutausbrüchen, bei allzu großem Streben nach Anerkennung oder Bewunderung, bei pompöser Redeweise, die niemals Zweifel oder Sorgen ausdrückt, bei Ängstlichkeit, bei Wut und Frustration, bei Erschöpfungszuständen. Körperlich hilft Nux vomica bei Kater nach übermäßigem Alkoholgenuss; bei 24-Stunden-Grippe mit Schüttelfrost und steifen, schmerzenden Muskeln; bei Schlaflosigkeit, die durch Überarbeitung, Alkohol oder Medikamente verschlimmert wird; bei quälendem Husten mit Würgen, bei Kitzelhusten und Schmerzen im Rachen; bei Rückenschmerzen, die besser werden, wenn man sich im Bett aufsetzt oder auf die andere Seite legt; bei Vorliebe für sehr stark oder scharf gewürzte Speisen; bei Verdauungsstörung mit Erbrechen, bei Verstopfung oder Durchfall nach Genuss von saftigem Obst oder Gemüse; bei Unterleibskrämpfen, die durch Hitze gelindert, durch Druck verschlimmert werden; bei Koliken, die Übelkeit verursachen, jedoch nach dem Stuhlgang verschwinden; bei Hämorrhoiden, die den Stuhlgang stark erschweren oder unmöglich machen; bei vorzeitig einsetzenden Menstruationsblutungen der Frauen; bei häufigem Harn- und Stuhldrang während der Menstruation!

Ihr Geburtshoroskop zeigt körperliche Schwachstellen und das passende Mittel auf.

Tarantula

Das Homöopathikum wird aus der Tarantel zubereitet, die in Alkohol getötet und dann zerquetscht wird. Seelisch-geistig hilft das Mittel oft bei ganz plötzlichen Stimmungsschwankungen, die unvermittelt vom Lachen in Wut umschlagen; bei unglaublich raschen, verschlagen wirkenden Reaktionen, bei extremer Unruhe und dem Drang, immer alles sofort haben und machen zu müssen; bei Arbeitswut oder dem ständigen Drang, sich zu beschäftigen. Körperlich hilft das Mittel bei Unfähigkeit, ruhig sitzen zu bleiben, bei Unruhe mit Zucken in den Beinen, bei Taubheits- oder Schwindelgefühlen. Die Symptome verschlimmern sich durch Lärm, Gehen oder Berührtwerden!

Wie erhalte ich die richtigen homöopathischen Mittel?
Homöopathie ist ein umfangreiches Wissensgebiet, das viele Jahre Studium erfordert. Sie sollten sich deshalb nur an einen Homöopathen Ihres Vertrauens wenden, besonders bei Behandlung mit hohen Potenzen und als Konstitutionsmittel. Die Grundanamnese bei chronischen Krankheiten erfordert einige Stunden Zeit. Wie der Schlüssel ins Schloss, so muss auch in der Homöopathie jede Arznei zur Krankheit und zum kranken Menschen passen. Das ist eine schwierige Aufgabe. Hat der Behandler jedoch das Mittel der Wahl gefunden, so ist ganzheitliche Heilung möglich.

Wer sich dagegen eine homöopathische Hausapotheke zulegen will, kann sich mit guten Büchern eindecken und die preiswerten Mittel in niedrigen Potenzen in der Apotheke bestellen. Viele weitere Buchtipps und Kontaktadressen finden Sie im Anhang.

Die Grundanamnese und ein offenes Gespräch sind unerlässlich.

Hydrotherapie, Algen und andere Powermacher

Zur Hydrotherapie zählen viele Behandlungsmethoden: Abreibungen des Körpers, Dampfanwendungen, Güsse, Waschungen, Wickel und Auflagen, medizinische Bäder mit individuell auf das Krankheitsbild abgestimmten Zusätzen, Trockenbürsten, Arm-, Fuß- oder Sitzbäder, Tautreten, Moorbäder, Stangerbäder und viele Varianten daraus. Der Reiz, den das hydrotherapeutische Verfahren auslöst, bleibt nicht nur am Ort der Behandlung, sondern beeinflusst positiv das gesamte Kreislauf- und Nervensystem, den Stoffwechsel sowie das Immunsystem.

Hydrotherapien fördern die Ausleitung von Toxinen aus dem Körper.

Kalte Anwendungen lösen zuerst eine Gefäßverengung aus, die jedoch anschließend eine Weitstellung der Gefäße und bessere Durchblutung bewirkt; sie sind vor allem bei akuten Entzündungen indiziert. *Heiße* Anwendungen führen dem Körper Wärme zu; sie wirken beruhigend, entkrampfend und durchblutungsfördernd. Zudem fördern alle Hydrotherapien durch den Temperaturreiz die Ausleitung von Toxinen. Hydrotherapien werden je nach Krankheitsbild vierteljährlich von Ihrem Hausarzt verschrieben. Buchtipps, Empfehlungen und Kontaktadressen finden Sie im Anhang unter »Kneipp«.

Kennen Sie schon das blaugrüne Wunder, die Mikroalge *Spirulina*, die voll von Mineralien, Vitaminen und Spurenelementen ist? Sie enthält aber auch leicht verdauliches Protein (alle acht essenziellen Aminosäuren) in einem optimalen Verhältnis. Diese mikroskopisch kleinen Blaualgen gehören zu den ältesten pflanzlichen Organismen dieser Erde. Sie produzieren eine immense Menge an Sauerstoff.

Schon die Azteken im alten Mexiko verehrten diese Alge als

starkes Mittel zur Leistungssteigerung. Menschen, die Spirulina regelmäßig einnehmen, fühlen sich topfit, sind geistig wach und vielseitig interessiert. Auch viele Olympiasieger schwören auf ihre positive Wirkung.

Auch der *Rooibos*-Tee tut Ihnen gut, vor allem wenn Sie an Reizbarkeit leiden, Kopfschmerzen, Schlafstörungen, Schlaflosigkeit, leichten Depressionen oder hohem Blutdruck. Rooibos enthält auch krampflösende Wirkstoffe und hilft so bei Magen- und Verdauungsproblemen.

Eine Tasse Rooibos-Tee ist der ideale Gutenachttrunk.

Kennen Sie schon den Powerdrink *Noni* (Morinda citrifolia)? Er enthält eine hochwirksame Kombination von Enzymen, Koenzymen, pflanzlichen Hormonen, Alkaloiden, Vitaminen und Spurenelementen. Er stärkt das Immunsystem und damit die Selbstheilungskräfte. Er entspannt durch seinen Serotoningehalt, liefert dem Körper eine Menge Energie und schenkt tiefen Schlaf. Bekannt und angebaut wird Noni in Indien, China, Südostasien, Polynesien und im pazifischen Raum.

Hypnose

Die Hypnose hilft Ihnen, z. B. eingefahrene Muster in Ihrem Grundsystem zu lösen.

Hypnose (griechisch Hypnos = Gott des Schlafes) ist eine besondere Form der (Selbst-)Suggestion. Ein Hypnotiseur versetzt den Patienten in Trance und gibt ihm Befehle, die weit in den Wachzustand hineinreichen. Doch Hypnose kann nur gelingen, wenn der Hypnotisierte seinem Therapeuten stark vertraut. Die ersten Hypnotiseure waren Priester und quasi Vermittler zwischen Gott und Mensch. Erst im 19. Jahrhundert entdeckten ernsthafte Forscher, Ärzte und Heiler die Hypnose wieder als Therapie. Auch Sigmund Freud beschäftigte sich stark mit dem Phänomen der Hypnose.

Unter Hypnose sind wir in der Lage, Informationen und Suggestionen in das Gehirn einzubringen, ohne dass der Verstand als Zensor eingreift. Gleichzeitig sinkt der Blutdruck, die Atmung wird verlangsamt, die Stresshormone im Blut nehmen ab und es vermehren sich dafür die für die Immunabwehr so wichtigen Lymphozyten. Bei vielen Erkrankungen hat die Hypnosetherapie schon erstaunliche Heilerfolge gezeigt.

Die Hypnosetherapie, das autogene Training und andere konzentrative Entspannungstechniken helfen Ihnen, alle Erstarrungen im Grundsystem zu lösen und den Weg frei zu machen für andere positiv eingreifende Heilmethoden. Suchen Sie im Branchenbuch nach einem Hypnosetherapeuten in Ihrer Nähe.

Benötigen Sie gute Adressen für eine »Familienaufstellung«? Dann fragen Sie Margit Hoffmann vom »Brennpunkt neue Erde«. Die Anschrift finden Sie im Anhang.

Indianerritual zum Aufladen der Wasserenergie

Diese indianischen Übungen zum Aufladen von Energie sind von dem Apache-Schamanen Eagle Bear empfohlen worden. Wenn Sie einem fließenden Gewässer begegnen, sollten Sie kurz meditieren, indem Sie sich alle negativen Gefühle und Erlebnisse in Erinnerung rufen, die Sie belasten. Dann lassen Sie diese Störungen einfach in das vor Ihnen fließende Wasser abgleiten. Aber auch zu Hause gibt es gute Möglichkeiten zur inneren Reinigung:

Fließende Gewässer laden zur Meditation ein.

1. Atmen Sie, wenn Sie unter die Dusche gehen, viermal tief ein und aus (zählen Sie dabei innerlich jedes Mal bis vier). Atmen Sie ganz bewusst Energie und Frische ein und stellen Sie sich beim Ausatmen vor, dass jetzt alles von Ihnen abfließt, was Ihnen durch den Kopf geht.
2. Sobald Sie die ersten Wassertropfen auf der Haut spüren, danken Sie dem Wasserelement dafür, dass es ständig für Sie da ist, Sie mit Trinkwasser versorgt, die Pflanzen nährt, die Sie zum Essen brauchen, und dass es Ihnen ermöglicht, sich zu reinigen. Fühlen Sie den Dank gegenüber Großmutters Wasser, wie die Indianer diese Energie nennen.
3. Drehen Sie das Wasser ab (es soll nicht verschwendet werden), und denken Sie dann, während Sie sich einseifen, dass Ihr Körper von allen negativen Energien, die Sie bedrücken, behindern oder lähmen, frei wird.
4. Drehen Sie jetzt das Wasser wieder auf und lassen Sie mit dem Wasserstrahl alles Negative aus sich herausschwemmen. Spüren Sie, wie das Wasser Sie von allen negativen Gefühlen, Erlebnissen und Eindrücken befreit. Danken Sie dem Wasserelement.

Liebespflanzen

Astromedizinisch werden dem Skorpion die Sexualorgane und -funktionen zugeordnet; deshalb ist er der Liebe und Erotik sehr intensiv (Pluto) zugetan. Viele unserer Pflanzen beinhalten aphrodisierende und bewusstseinserweiternde Stoffe. Einige der chemischen Wirkstoffe dieser Pflanzen sind den menschlichen Neurotransmittersubstanzen, den Überträgern von Nervenimpulsen, sehr ähnlich. Einige Pflanzen enthalten sogar hormonale Stoffe, die unseren Geschlechtshormonen gleichen.

Viele Pflanzenstoffe haben eine aphrodisierende Wirkung.

Hier ein kleiner Auszug der typischen Liebespflanzen:

- *Ananas* mit Honig in weißem Rum wirkt kräftigend und harntreibend. Der wichtigste Inhaltsstoff in der Ananas ist das Bromelain, ein Enzym, das auch die gestörte Eiweißverdauung normalisiert.
- *Avocado* (ganzes Fruchtfleisch) kräftigt ebenfalls die Libido, hilft aber auch dem Herzen, denn es enthält sehr viel Kalium, das bei Muskelschwäche zugeführt werden sollte.
- *Galgantwurzel* als Gewürz wirkt anregend auf die Sexualorgane, hilft bei Appetitlosigkeit, bei mangelnder Fermentproduktion im Darm und bei »müder Galle«. Galgant ist dem Ingwer ähnlich und eignet sich sehr gut als Gewürz für Gemüseeintöpfe, Kartoffelsuppe, Gulasch und Rinderbraten. Bei zu hohem Blutdruck bitte meiden!
- *Gelée royal* (erhältlich in Apotheken), bestehend aus Bienenpollen, einem Extrakt, der von den Bienen zur Ernährung ihrer Königin hergestellt wird, regt deutlich die Hormonproduktion und damit die Liebesgefühle an.
- *Ginsengwurzel* als Tonikum enthält neben zahlreichen anderen Inhaltsstoffen vor allem Ginsenoside. Diese wir-

ken im Körper wie Testosteron und können deshalb Lust und Potenz steigern. Die Wirkstoffe der Ginsengwurzel stärken aber auch die körperliche Abwehrkraft und tonisieren allgemein. Wer regelmäßig Ginseng einnimmt, fühlt sich wohler, ist aktiver und ausgeglichener. Holen Sie sich hochwertige Elixiere oder Präparate am besten in der Apotheke.

- *Ingwerwurzel* ins Essen gemischt, wirkt anregend. Die Wurzel enthält vornehmlich Zingiberen, Zingiberol, Gingerol und Shogaol. Sie aktiviert aber auch die Verdauungsvorgänge im Körper, ist hilfreich bei Magenerkrankungen und beugt bei Reisekrankheit vor (als Tinktur oder in Tablettenform). Als Gewürz sehr zu empfehlen. Übrigens wird auch das Homöopathikum »Zingiber« bei Magenschwäche und bei allen Verdauungsbeschwerden erfolgreich eingesetzt.

Ginseng steigert Ihr erotisches Empfinden.

- *Kaffee* mit Honig und einer Prise Kardamom als Gewürz wirkt ebenfalls stark anregend. Kardamom duftet nicht nur gut, sondern beeinflusst auch günstig störende Blähungen und Verdauungsbeschwerden. Man findet es oft als Aromatikum bei der Weihnachtsbäckerei zusammen mit Zimt, Anis und Nelken. Dieses Gewürz ist auch im Curry enthalten.
- *Kakao* (geröstet mit Maismehl, Chilipfeffer, Zimt, Vanille, Piment und Honig gewürzt) wirkt sexuell stimulierend.
- *Knoblauch,* roh oder gegart, wirkt tonisierend und verjüngend. Er enthält Allicin mit antibiotischen Eigenschaften, Vitamin A, B_1, Nicotinsäureamid und Vitamin C. Außerdem stecken in ihm Hormone, die ähnlich wie die männlichen und weiblichen Sexualhormone wirken, sowie die Fermente Cholin, Rhodanwasserstoffsäure und Jod. Er regt die Sexualdrüsen an, hilft aber auch bei Gärungsprozessen im

Darm, bei Bluthochdruck und ist ein hochwirksames pflanzliches Antibiotikum bei Entzündungen aller Art. Allicin tötet Bakterien ab, durch die Einwirkung von Sauerstoff entsteht jedoch der typische Knoblauchgeruch, der allerdings bei regelmäßiger Anwendung fast nicht mehr zu riechen ist. Knoblauch wirkt auch gefäßerweiternd und entspannend. Er senkt den Cholesterinspiegel im Blut und hilft gegen Thrombose und Arteriosklerose. Ein hervorragendes Heilmittel, und wenn beide Partner davon essen, stört der Geruch überhaupt nicht!

Knoblauch gilt – wenn beide davon essen – als Lustpflanze.

- *Kürbiskerne* wirken kräftigend auf die Libido, doch sie helfen auch bei verschiedenen Blasenleiden (Reizblase) und bei der Tonusschwäche gutartiger Prostataleiden der älteren Männer. Kürbiskerne sind harntreibend und enthalten auch hormonähnliche Stoffe, Pektine, Steroide, Vitamin E und Selen. Sie können sich zweimal täglich einen Esslöffel Kürbiskerne ins Müsli streuen, was sicherlich billiger ist, als Kürbiskerne in aufbereiteter Tablettenform zu kaufen. Kürbiskerne können sogar beim Bettnässen von Kindern wirksam sein.
- *Meerrettich* als Gewürz, wirkt anregend auf die Libido und enthält neben dem Senföl Glykoside, Gluconasturtiin und Sinigrin. Aber auch der Gehalt an Vitamin C und Kaliumsalzen ist relativ hoch. Senföl wirkt übrigens auch antibakteriell.
- *Rosmarin* als Badezusatz besitzt große erotisierende Wirkung auf die Haut. *Tipp:* Vor der Liebesnacht ein Rosmarinbad nehmen und im Raum zusätzlich noch Rosmarin oder Rose als Aromaöl in die Duftlampe geben.
- *Soja* enthält z. B. einen östrogenähnlichen Stoff, das Genistein, und ist deshalb äußerst wirksam als Östrogenersatz bzw. zur pflanzlichen Hormontherapie bei Frauen (beson-

ders in den Wechseljahren). Das regelmäßige Essen von Sojaprodukten stärkt aber auch die Libido; holen Sie sich im Reformhaus oder im Asia-Laden die für Sie interessanten Nahrungsmittel aus Soja.

- *Yohimbe* (im Volksnamen Liebesbaum oder Potenzrinde genannt) wird aus der Rinde des afrikanischen Yohimbebaumes gewonnen. Dieser Extrakt ist eines der ältesten Aphrodisiaka. Schon die alten Ägypter haben ihn gerne verwendet. Yohimbe gilt sogar als das wissenschaftlich anerkannteste Mittel und ist offiziell als Medikament zugelassen. Yohimbe ist auch ein gutes blutdrucksenkendes Mittel, das es nur gegen Rezept gibt. Homöopathische Yohimbezubereitungen ab der Potenz D 4 sind allerdings rezeptfrei in der Apotheke erhältlich.

Der Yohimbeextrakt ist eines der ältesten Aphrodisiaka.

Massage, Saugen, Schröpfen

Die *Massage* ist eine der ältesten Heilmethoden der Menschheit, älter noch als die Kenntnis der Akupunkturpunkte. Sie folgt letztendlich der Idee, dass Punkte bzw. Zonen unseres Körpers angeregt werden können und müssen, um Heilkräfte im Organismus zu wecken, die dann in weit entfernte Organe ausstrahlen. Dieses im 19. Jahrhundert gewonnene Wissen um die Reflexzonen wurde wahrscheinlich schon in der späten Jungsteinzeit ausgeübt.

Skorpion-Geborene sprechen sehr positiv auf alle Massageformen an.

Massagen gehören eindeutig zur energetischen Medizin und es wäre falsch, anzunehmen, dass die Bindegewebsmassagen oder Lymphdrainagen nur örtliche Wirkung haben. Bei der Bindegewebsmassage wird das vegetative, das nicht unserer Kontrolle unterliegende Nervensystem umgeschaltet, was sehr heilsame Folgen bei funktionellen Organerkrankungen hat. Bei der Lymphdrainage beginnt unser Körper im wahrsten Sinne des Wortes wieder zu fließen.

Stier- und Skorpion-Geborene sprechen enorm positiv auf alle Massageformen an, denn ihre Haut reagiert äußerst sensibel und aufnahmefähig und ist oft das Tor zum Eintritt in Körper, Geist und Seele. Massagen kann man sich in jedem Quartal vom Arzt oder auch vom Orthopäden verschreiben lassen (je nach Beschwerdebild). Die Krankenkasse übernimmt normalerweise einen Großteil der anfallenden Kosten.

Saugen und *Schröpfen* sind auf Berichte von Missionaren, Naturforschern und Ärzten zurückzuführen, die indianische Mund-Saug-Behandlungen geschildert haben, bei denen der Heiler so lange an der über den Krankheitsherden liegenden Hautpartie saugte, bis Blut herauskam.

Der Arzt Dr. Hans Zöbelein hat Saugen und Massieren miteinander vereinigt. Mit einem Vakuum-Massagekopf streicht man über die Haut des Patienten und saugt so die roten Blutkörperchen durch die feinen Blutgefäße an. Es bilden sich unter der Haut viele kleine Blutpunkte. Der Vorteil des Saugens: Das Blut wird dünnflüssiger, Stoffwechsel und Mikrozirkulation werden beschleunigt, die Heilinformation zur Regenerierung der umgebenden Zellen und Gewebe wird verstärkt. Vor allem lokale Schmerzzustände sprechen sehr positiv auf diese Heilmethode an.

Durch die Schröpfmethode wird die Durchblutung verbessert.

Schröpfen gehört ebenfalls zur Reflexzonentherapie und ist älter als Aderlass und Blutegelbehandlung. Schröpfpunkte sind oft Akupunkturpunkte. Beim blutigen Schröpfen wird Kapillarblut abgesaugt, beim unblutigen Schröpfen setzt man Saugglocken an. So werden durch das Schröpfen Stoffwechsel und Durchblutung verbessert, Verspannungen beseitigt und Spasmen gelöst. Einen Buchtipp finden Sie im Anhang unter »Manuelle Therapien«.

Orthomolekulare Therapie

Die Orthomolekulare Medizin (= Medizin der richtigen Moleküle) geht auf den Biochemiker und »Vitamin-C-Papst« Linus Pauling (1901–1994) zurück. Sie bewirkt die Erhaltung guter Gesundheit und behandelt die Krankheiten durch Veränderung der Konzentration von Substanzen im menschlichen Körper. Sie basiert auf folgenden Punkten:

Der Mensch benötigt ca. 45 lebensnotwendige Nährstoffe.

- Kenntnis der biochemischen Wirkung unserer Nahrung, von Umwelteinflüssen, körperfremden Substanzen sowie von so genannten Stresssituationen auf das Gleichgewicht des Mineralstoff-, Spurenelement-, Aminosäure-, Fettsäure- und Vitaminstoffwechsels.
- Deckung des Nährstoffbedarfs mittels gezielter Ernährung und Gabe von Nährstoffsupplementen. Die darin enthaltenen Mineralstoffe, Spurenelemente, Vitamine, Amino- und Fettsäuren sowie Enzyme werden zur Nahrungsergänzung oder zur Korrektur von Nährstoffungleichgewichten (z. B. bei Mangelzuständen oder erhöhten Werten) eingesetzt.

Es ist wissenschaftlich längst erwiesen, dass kein Mensch in einer so perfekten Umwelt lebt, dass für ihn alle 45 lebensnotwendigen Nährstoffe in der richtigen Menge und im richtigen Verhältnis im Organismus vorhanden sind. Den Mangel an Nährstoffen kann man im Blutserum, im Vollblut, im Urin oder Haar nachweisen. Chronische Erkrankungen entstehen oft durch eine übermäßige Bildung freier Radikale. Hier können Antioxidantien (Vitamin A, E und C) die aggressiven Moleküle unschädlich machen. Enzyme helfen ebenfalls bei akuten und chronischen Entzündungen. Hier nun ein paar

Beispiele für Nährstoffsupplemente und ihre Anwendungsgebiete:

- *Omega-6-Fettsäuren:* Acne vulgaris, Allergien, Alkoholismus, atopische Ekzeme, prämenstruelles Syndrom, Hypertonie, erhöhte Cholesterin- und Triglyzeridwerte, Diabetes, Entzündungen, Anfangsstadium der multiplen Sklerose, Übergewicht oder Schizophrenie.
- *Vitamin C:* Infektionen aller Art, Zahnfleischbluten, Zahnverlust, Parodontose, Müdigkeit, gestörte Wundheilung, Depression, Schwermetallbelastung, rheumatische Erkrankungen, Vitamin-C-Mangel durch Rauchen, Verstopfung.
- *Zink:* Acne vulgaris, Anämien, Ekzeme, Wundheilungsstörungen, Verbrennungen, Psoriasis, Haarausfall, Infektionsanfälligkeit, Diabetes mellitus, Prostataerkrankungen, Wachstums- und Fertilitätsstörung, Corpus-luteum-Insuffizienz, Impotenz, Gewichtsregulierung (Fettleibigkeit), weiße Flecken auf den Fingernägeln, Geruchs- und Geschmacksverminderung, Arthritiden, Alkoholismus, Postpartumdepressionen, zu hoher Kupferspiegel durch Östrogen, Pille, Spirale; bestimmte Psychosen, Hyperaktivität und Schwermetallbelastungen.

Hier ein paar Beispiele für Nährstoffsupplemente.

Wie bekomme ich die Nährstoffsupplemente?

Sie können sich selbst mit geeigneter Fachlektüre informieren, welche der Nährstoffe für Sie speziell günstig sind. Apotheken führen ein reichhaltiges Angebot, aber auch Reformhäuser bieten Nährstoffsupplemente an. Achten Sie darauf, dass Sie Nährstoffe kaufen, die aus natürlichen Substanzen hergestellt wurden, auch wenn diese etwas teurer im Preis sind als die künstlich fabrizierten. Zum Schluss noch ein paar Tipps für Nährstoffergänzungen bei bestimmten Krankheiten.

Nährstoffergänzungen bei Bluthochdruck

Ganz wichtig ist hier die tägliche Zufuhr von Omega-3-Fettsäuren (1–1,5 g EPA) in Form von Fischöl. Hering, Thunfisch, Lachs und die Makrele sollten Sie zusätzlich zweimal wöchentlich essen, denn sie enthalten ebenfalls sehr viele dieser Fettsäuren. Magnesium (400–600 mg) wirkt stark blutgefäßentspannend. Aber auch Kalzium (1–1, 5 g) kann Bluthochdruck senken. Ein Kalziummangel ist ein weit größerer Risikofaktor für Hypertonie als eine salzreiche Ernährung. Essen Sie deshalb viel von fettarmen Milchprodukten und grünes Blattgemüse. Blutdrucksenkend wirken auch Taurin (2–4 g) und das Koenzym Q 10 (60 – 90 mg täglich). Wenn Ihr Körper stark mit Schwermetallen belastet ist (vor allem Blei oder Kadmium), dann erhöht dies den Blutdruck. Hier hilft Zink zur Schwermetallentgiftung.

Fragen Sie in Ihrer Apotheke nach Nährstoffsupplementen.

Nährstoffergänzung bei Vergrößerung der Prostata

Bei Prostatavergrößerung hilft am besten täglich Zink (30–60 mg), denn es verkleinert die Drüse und lindert die Beschwerden. Aber auch essenzielle Fettsäuren wie Gamma-Linolensäure, zwei bis vier Kapseln Nachtkerzenöl (EPO) und 1–3 g EPA aus Fischöl helfen, die Prostatawucherungen zu verringern und die Beschwerden zu lindern. Zudem haben sich die Aminosäuren L-Glycin-, L-Alanin- und L-Glutaminsäure (je 500 mg pro Tag) bewährt, denn auch diese Stoffe verkleinern die Vorsteherdrüse und helfen gegen die Beschwerden!

Nährstoffergänzung zur Krebsabwehr

Folgende Nahrungsstoffe sollten vermieden werden, denn sie sind krebserregend: Tierische Fette und Fleischwaren, industriell verarbeitete Fleischprodukte, verbrannte oder dunkel gebratene Speisen, ranzige Fette und Öle, heißgepresste

Gesundheitstipps

Pflanzenöle, Weißmehl und Zucker, angeschimmeltes Essen, künstliche Lebensmittelfarbstoffe (insbesondere Rottöne) sowie Nitrite und Nitrate (Lebensmittelkonservierungsstoffe). Täglich sollten dagegen folgende Nährstoffe zugeführt werden: Vitamin A, Beta-Karotin, Vitamin C, Vitamin E, Vitamin B_6, Folsäure, Kalzium und Vitamin D (z. B. bei Darmkrebs), Selen (ein Mangel erhöht das Krebsrisiko), Zink (schützt die Zellen und DNS vor Oxidationsschäden, vor allem bei Prostata- und Speiseröhrenkrebs) und zwei bis vier Kapseln Gamma-Linolensäure (EPA-Nachtkerzenöl).

Dazu sollten möglichst viele der folgenden krebshemmenden Nahrungsmittel auf dem Speisezettel stehen: Vollkornprodukte, Kleie, Obst, Gemüse, Samen und Hülsenfrüchte, dunkelgrünes und orangegelbes Gemüse, Kohlgemüse wie Brokkoli, Kohl, Rosen- und Blumenkohl, Rote-Bete-, Karotten-, Spargel- und Krautsäfte, Zwiebeln und Knoblauch und kalziumreiche Lebensmittel wie fettarme Milch und dunkelgrünes Blattgemüse, frische Mandeln, Paranüsse und frisches Obst sowie Obstsäfte.

Wählen Sie Nährstoffe, die aus natürlichen Substanzen hergestellt wurden.

Power-(Buddha-)Armbänder

Viele Prominente (Richard Gere, Madonna und viele andere) tragen mit Begeisterung schon längere Zeit diese Power- oder Buddha-Armbänder und schwören auf ihre positive Wirkung. Diese Armbänder haben ihren Ursprung bei den tibetischen Malas (Gebetsketten). Power-Armbänder werden direkt am Handgelenk und somit in Pulsnähe getragen. Durch die Kraft der Steine können sie viel bewirken (siehe auch den Abschnitt über Heilsteine).

Power-Armbänder haben ihren Ursprung in Tibet.

Traditionell werden folgende Heilsteine bei Power-Armbändern verwendet:

- *Amethyst* gegen Depressionen, fördert Intelligenz
- *Aventurin* für Erfolg und Karriere
- *Bergkristall* für Heilkraft und mehr Stärke
- *Calcedon* für mehr Entspannung
- *Falkenauge* gegen Ausweglosigkeit
- *Fluorit* für mehr Mut und Glauben
- *Goldfluss* für mehr Gelassenheit
- *Hämatit* gegen Einsamkeit und für mehr Willenskraft
- *Howlith* (weiß) für mehr Einfallsreichtum
- *Jade* (gelb) für mehr Energie
- *Jaspis* für mehr Harmonie
- *Karneol* für Abwehrkraft, Liebe und Mut
- *Mahagoniobsidian* für Freundschaft
- *Malachit* für mehr Einfallsreichtum
- *Perlmutt* für Geldzuwachs
- *Rosenquarz* für mehr Liebe
- *Tigerauge* bei Ärger und für mehr Kreativität
- *Türkis* für mehr Geldzuwachs
- *Unakit* für mehr Überzeugungskraft

Die Farben der Heil- und Edelsteine verraten auch viel über ihre Wirkung:

- *Rot* bedeutet Lebenskraft und Energie. Diese Farbe aktiviert und vitalisiert, schenkt Wärme, Kraft und Mut.
- *Rosa* ist die Farbe der Sanftheit und Zärtlichkeit. Sie verbreitet Schönheit und Harmonie.
- *Orange* wirkt immer erneuernd und belebend. Sie weckt die Freude an sinnlichen Genüssen.
- *Gelb* vermittelt Leichtigkeit und Fröhlichkeit, fördert die mentale Aktivität und Kommunikation.
- *Gold* schenkt ein Gefühl der Fülle, Glanz und lichtvolle Wärme.
- *Grün* beruhigt, harmonisiert und fördert die Regeneration.
- *Hellblau* schenkt Inspiration und das Gefühl von innerer Freiheit.
- *Dunkelblau* gibt Ruhe und Konzentration.
- *Violett* ist die Farbe der Transformation, der Spiritualität und Meditation.
- *Weiß* symbolisiert Reinheit und Vollkommenheit.
- *Braun* vermittelt das Gefühl der Verwurzelung und schenkt Standfestigkeit.
- *Schwarz* öffnet den Blick nach innen, in die Tiefen der Seele.

Das Tragen mehrerer Armbänder gleichzeitig vermindert die Wirkung nicht.

Besonders praktisch: Sie können mehrere Armbänder gleichzeitig tragen. Power- oder Buddha-Armbänder gibt es in vielen Geschäften, aber auch in Esoterikläden. Preisniveau je nach Heilstein ab € 7,50 aufwärts. Wer kein Geschäft in der Nähe hat, sollte die im Anhang genannten Bezugsquellen nutzen!

Räucherungen

Räucherungen gab es schon immer in jeder Kultur. Es wurde geräuchert, um die Götter zu beglücken, um Räume, Lebewesen oder Gegenstände energetisch zu reinigen, ihnen Gutes zu tun – so, wie es in heutiger Zeit noch in den indianischen und tibetischen Kulturen praktiziert wird. In der indischen, arabischen oder japanischen Welt dagegen räuchert man eher aus einem mehr ästhetisch-sinnlichen Grund.

Räucherungen tragen zur energetischen Reinigung bei.

Wie Sie nun räuchern wollen – mit Harzen, Kräutern oder Hölzern – und aus welchem Hintergrund, bleibt Ihnen selbst überlassen. Räuchern ist jedoch immer ein vertiefendes, ein stabilisierendes und auch ein sinnliches Ritual (und ist oft Teil eines Hexenrituals).

Es gibt von Anna Riva beispielsweise für den Skorpion eine Räuchermischung, mit der man Kritik leichter und ohne Rachegelüste hinnehmen kann, mit der das Loslassen (einer Person, eines Problems) weniger schwer fällt. Gleichzeitig werden durch diese Mischung Toleranz und Selbstliebe gefördert. Auch Räume kann man durch Räuchern von alten negativen Energien reinigen. Gute Räucherwaren gibt es in jedem Esoterikgeschäft; wer keines in der Nähe hat, kann bei Magic Discount (Adresse siehe unter »Amulette« im Anhang) danach fragen.

Shiatsu

Östliche Heilmethoden wirken ganz besonders stark auf die beiden Tierkreiszeichen Skorpion und Schütze. Die sehr alte und gleichzeitig sehr junge Heilmethode aus Japan verbindet jahrtausendealte Techniken der traditionellen Akupressur mit modernen, auch westlichen Massagetechniken. Das Zen-Shiatsu-Masunagas arbeitet vor allem mit den Meridianen des Körpers, jenen Strömen der Lebensenergie, deren Behandlung seit Jahrtausenden die Grundlage der Akupunktur und Akupressur ist. Die Meridiane bilden an der Oberfläche und in der Tiefe des Körpers ein weit verzweigtes und vernetztes System von Energiekanälen. Sie führen die Lebensenergie zu allen Organen, in jede Körperzelle.

Durch Shiatsu können Energieblockaden im Körper gelöst werden.

An der Hautoberfläche sind die Meridiane für unsere Hände direkt erreichbar. Das ist die Grundlage für Shiatsu, doch die Akupunkturpunkte der Chinesen spielen hier keine Rolle. Mit Shiatsu wird die Behandlung des ganzen Meridians erreicht, um den Fluss der Lebenskraft zu unterstützen. Nun finden sich vielerorts in unserem Körper Stagnationen. Das ist ganz normal und bedeutet nicht gleich Krankheit. Jeder Mensch hat gewissermaßen sein Stagnationsmuster, das als Ausdruck seiner Persönlichkeit angesehen werden kann. Wenn allerdings Krankheit sich entwickeln sollte, dann wird sie sich genau in diesen Punkten manifestieren.

Shiatsu dient einerseits der Aufrechterhaltung von Gesundheit und Lebensfreude, ist aber auch eine Methode zur Behandlung von Krankheit und Linderung von Leiden. Shiatsu kann hilfreich eingesetzt werden bei akuten Kopf- oder Rückenschmerzen, bei Menstruationsproblemen, bei allen Funktionsstörungen des Bewegungsapparates, Magenproblemen, bei chronischer Müdigkeit, innerer Unruhe oder Nervosität. Regelmäßiges Shiatsu kann, zusammen mit einer bewussten Lebensführung, dazu beitragen, chronische und schwere Krankheiten zu lindern, sie verständlich und damit fruchtbar oder gar überflüssig zu machen. Bei allen chronischen Krankheiten wirkt Shiatsu sehr gut als Umstimmungstherapie.

Stimulieren Sie mit der Shiatsu-Massage Ihre Lebensenergie.

Diese Methode bietet viele faszinierende Techniken, um den Ki (japanisch: Lebensenergie-)Strom zu stimulieren. Drücken Sie mal mit dem Handballen oder dem Daumen an eine Stelle des Körpers. Sinken Sie für einen Augenblick in die Tiefe dieses Punktes ein. All dies soll ohne Anstrengung geschehen. Sie suchen nichts und wollen nichts erreichen. Sie sind einfach nur da und erleben sich selbst. Dann wird Shiatsu sogar zur Meditation.

Eine wesentliche Rolle bei der Beziehung zwischen Therapeut und Patient spielt hier das *Hara*. Das ist jene Körperzone, die unterhalb des Bauchnabels liegt. Im Hara zu sein heißt, in der Mitte zu sein, und auch der Therapeut sollte sich während seiner Behandlung dort befinden. Der gezielte manuelle Druck auf die Muskulatur in Harmonie mit der Atmung des Patienten, das Ziehen, Drehen und Dehnen der Gelenke regt den Stoffwechsel an, durchblutet und durchbricht die Kette der Verspannung-Schmerz-Fehlhaltung. Da Muskeln Groll und Wut speichern können und Emotionen verkapseln (Muskelpanzer), bringt Shiatsu starke, aber heilsame Gefühlsausbrüche hervor.

Wenn Sie Shiatsu lernen, werden Sie recht bald mit sich selbst konfrontiert sein. Sie bemerken vorhandene Knoten im eigenen Energiestrom, registrieren das Festhalten an vielen Stellen Ihres Körpers, Ihrer Gefühle und Gedanken. Jeder Entwicklungsschritt im Shiatsu wird zu einem persönlichen Ent-

Gesundheitstipps

wicklungsschritt des Lernenden. Doch es ist gerade die Freude an Shiatsu, die Mut macht und die Motivation gibt, an sich selbst weiterzuarbeiten. Shiatsu ähnelt hier anderen traditionellen fernöstlichen Disziplinen wie z. B. dem Tai-Chi, der Kunst des Bogenschießens, der Teezeremonie und ähnlichen Techniken.

Wer sich dafür interessiert, sollte an einem Workshop teilnehmen. Mit guten Grundkenntnissen ausgerüstet, kann man einige Tipps aus dem Shiatsu später sowohl zur Eigentherapie nutzen als auch in der partnerschaftlichen Behandlung, und das dürfte Ihnen als Skorpion durchaus Spaß machen. Buchtipps und Kontaktadresse finden Sie im Anhang.

Nehmen Sie doch mal an einem Shiatsu-Workshop teil.

Spagyrische Heilweise

Skorpione und Menschen, die Planeten in wässrigen Zeichen haben, sprechen sehr gut auf diese feinstoffliche Heilmethode an. Manche der Skorpione sind ohnehin »psychische Alchimisten«.

Die Heilmittel kommen aus dem Mineral-, Pflanzen- und Tierreich.

Die Spagyrik ist eine ganzheitliche Heilkunde für Mensch und Tier. Spagyrik und Alchemie sind untrennbar miteinander verbunden; die Alchemie ist wiederum untrennbar mit kosmologischem Wissen vereint (Astrosophie oder Kosmologie). »Spagyrik« bedeutet »trennen und verbinden«. Deshalb wird – genauso wie der Mensch in Körper, Geist und Seele – die ganze Heilpflanze samt Wurzeln zuerst in ihre »Grundprinzipien« zerlegt; diese werden dann gereinigt und schließlich wieder zum spagyrischen Heilmittel zusammengefügt. Der Pflanzenkörper symbolisiert sich in den festen Bestandteilen, die Pflanzenseele im ätherischen Öl und der Geist ist ein aus der Pflanze gewonnener Alkohol. Die spagyrischen Arzneigrundstoffe kommen aus dem Mineralreich, dem Pflanzenreich und der animalischen Schöpfung. Hier einige Heilmittel der Firma Soluna, Donauwörth (die Adresse finden Sie im Anhang):

- *Nr. 1 Alcangrol:* bei Stoffwechselerkrankungen, Geschwüren, Geschwülsten
- *Nr. 2 Aquavit:* Tonikum zur Rekonvaleszenz, bei Schwächezuständen
- *Nr. 3 Azinat:* abwehrstärkend, bei Entzündungen, Fieber, Infektionen, Gelenkrheumatismus
- *Nr. 4 Cerebretik:* sedierend auf das Zentralnervensystem, bei Schlafstörungen
- *Nr. 5 Cordiak:* bei Herz-Kreislauf-Erkrankungen

Gesundheitstipps

- *Nr. 6 Dyscrasin N:* ausleitend über die Haut, zur Stoffwechselreinigung, bei Akne, Ekzemen, Skrofulose
- *Nr. 7 Epidemik:* immunstärkend, bei Infektionen, Fieber, Gelenkrheumatismus
- *Nr. 8 Hepatik:* bei Erkrankungen der Leber und Gallenblase, ausleitend
- *Nr. 9 Lymphatik:* bei Erkrankungen des Drüsensystems, ausleitend
- *Nr. 10 Matrigen I:* bei Frauenleiden, Dysmenorrhö, krampfhafter Regelblutung
- *Nr. 11 Matrigen II:* retardierend bei Frauenleiden, Ruhr
- *Nr. 12 Ophthalmik:* bei Augenerkrankungen
- *Nr. 14 Polypathik:* spasmolytisch, bei krampfhaften Zuständen, seelischen-geistigen Verspannungen
- *Nr. 15 Pulmonik N:* bei Erkrankungen der Atemwege, Lungenentzündung, Bronchialasthma
- *Nr. 16 Renalin:* bei Erkrankungen des Nieren- und Blasensystems, ausleitend
- *Nr. 17 Sanguisol:* bei Herzschwäche; für Muskeln, Nerven, Augen; bei Depressionen, niedrigem Blutdruck, Appetitlosigkeit
- *Nr. 18 Splenetik:* Immunstärkung durch Unterstützung der Milz; bei Blasen- und Nierensteinen, Gicht; schleimlösend, ausleitend
- *Nr. 19 Stomachik I:* bei akuten, nichtentzündlichen Magen- und Darmstörungen, Meteorismus, Roemheld-Syndrom
- *Nr. 20 Stomachik II:* bei chronischen, entzündlichen Magen-Darm-Störungen
- *Nr. 21 Styptik N:* bei akuten Beschwerden, Durchfall, Ruhr, Blutungen; festigend, adstringierend, blutstillend
- *Nr. 22 Strumatik I:* wird auf Drüsensystem, Schilddrüse; Spezialmittel gegen Kropf

Auf diese feinstoffliche Heilmethode sprechen Skorpione sehr gut an.

- *Nr. 23 Strumatik II:* wirkt auf Drüsensystem; Spezialmittel gegen Kropf
- *Nr. 24 Ulcussan A:* bei akuten und chronischen Magen-Darm-Katarrh

Es gibt auch noch Azinat- und Alcangrolsalbe sowie Azinatöl I und II.

Wie bekomme ich spagyrische Heilmittel?

Spagyrische Heilmittel können Sie in Ihrer Apotheke bestellen.

Viele Heilpraktiker und Ärzte verordnen inzwischen spagyrische Heilmittel. Doch man kann die Präparate auch selbst in der Apotheke bestellen. Die Tropfen liegen trotz aufwändiger und liebevoller Zubereitung im angenehmen Preisniveau von knapp € 13,– pro Flasche.

Hier noch einige Heilmittelempfehlungen:
- *Hypertonie:* Polypathik N – Cerebretik – Renalin – Cordiak
- *Neurodermitis:* Lymphatik N – Dyscrasin N – Renalin – Cerebretik
- *Prostatitis:* Azinat – Renalin
- *Psoriasis:* Dyscrasin N – Hepatik

Zum Schluss noch ein wertvoller Tipp für Bakteriengeplagte: Kennen Sie schon das *kolloidale Silber*? Silber im kolloidalen Zustand ist völlig unschädlich und ungiftig. Es wirkt stark keimtötend bei allen Schimmelarten, bei Viren, Bakterien, Streptokokken, Staphylokokken und anderen pathogenen Keimen. Es kann eingenommen werden, auf Schnittwunden, Schürfwunden, Warzen, Geschwüre, auf Hautkrebs, Ekzeme, Pickel, Mückenstiche aufgetragen werden, es kann inhaliert, in die Nase gesprüht und in die Augen getropft werden (bei Mensch, Tier und Pflanze). Bezugsquellen finden Sie im Anhang unter »Kolloidales Silber«.

Tarot

Kennen Sie schon die Tarotkarten? Ein schönes geistiges Hobby, das Sie leicht selbst erlernen und praktizieren können. Über den Ursprung des Tarots scheiden sich die Geister. Einige glauben, es habe sich aus den Schafgarbenstängeln des chinesischen *I Ging* entwickelt; andere meinen, sein Ursprung sei im Buch *Thot* zu finden. Wieder andere sagen, Tarot sei im alten Ägypten entstanden und im 14. Jahrhundert von den Zigeunern nach Europa gebracht worden.

Die Karten können neue Wege weisen.

Sie können die Tarotkarten einerseits zum Wahrsagen benutzen, doch Sie können sie auch, vor allem die *Großen Arkanen,* als Weg zur spirituellen Entwicklung für sich verwenden.

Wer sich für Tarot interessiert, braucht nicht unbedingt einen Kurs zu besuchen. Ein gutes Buch für Anfänger samt der Karten und etwas Zeit und Interesse genügen.

Nach astrologischer Überlieferung ist dem Skorpion die Karte *VIII: Die Gerechtigkeit* zugeordnet; nach kabbalistischer Überlieferung die Karte *XIII: Der Tod*. Das beste Tarotdeck, das ich allen Skorpionen empfehlen kann: *Crowley Thoth Tarot*. Bezugsquellen finden Sie im Anhang.

Tibetische Heilkunst

Vor allem die Tierkreiszeichen Skorpion und Schütze sprechen sehr gut auf östliche Heilmethoden wie die tibetische Medizin an. Tibet galt schon immer als Land der Medizin und der Heilpflanzen, und so verwundert es nicht, dass die tibetische Medizin zu den ältesten Medizinsystemen der Welt zählt und seit Jahrhunderten existiert. Sie ist eine ganzheitliche Therapie, die das Gleichgewicht der Kräfte im Körper anstrebt. Sie sieht den Menschen als Teil der Natur, in der die Pflanzenwelt, die Tierwelt und die Landschaft, das Klima und die Jahreszeiten mit der Welt des Menschen eine Einheit bilden.

In der tibetischen Medizin wird der Mensch als Teil der Natur betrachtet.

Diese enge Beziehung zwischen Natur und Mensch spiegelt sich in der tibetischen Medizin in der Lehre der fünf Elemente wider. Die fünf Elemente Feuer, Wasser, Erde, Luft und Raum haben nach tibetischer Anschauung bestimmte Wirkkräfte oder Qualitäten, die mit ihren physikalischen Eigenschaften zusammenhängen. Sie manifestieren sich auch im menschlichen Körper, wo sie als drei Prinzipien (Körper, Geist und Seele) in Erscheinung treten. Die Ursache jeglicher Krankheit wird in der tibetischen Medizin auf das Ungleichgewicht der drei Körperenergien zurückgeführt. Die wichtigsten Faktoren sind:

- falsches Verhalten,
- falsche Ernährung,
- fehlende Anpassung an Klima und Umwelt.

Tibetische Heiler arbeiten erfolgreich mit der Pulsdiagnose. Um die vielen unterschiedlichen Pulse analysieren zu können, bedarf es einer mehrjährigen Erfahrung. Ein weiterer Bestandteil der Diagnose ist die Beobachtung und Befragung des Patienten. Unterstützend werden auch Urinanalyse, Augen- und

Zungendiagnose eingesetzt. Die Heilmittel der tibetischen Medizin zeichnen sich durch eine große Vielfalt aus, es werden z. B. getrocknete Teile von Pflanzen, Harze, Säfte, Destillate, Mineralien und anorganische Stoffe verwendet. *Padma 28* ist solch ein tibetisches Arzneimittel, das auch bei uns erhältlich ist. Dieses Medikament wird von der Schweiz auf ärztliche Verordnung nach Deutschland importiert. Es handelt sich um Tabletten, die 22 Drogen enthalten. Als Anwendung werden im »Schweizer Arzneimittelkompendium 1998« angeführt: Ameisenlaufen, Schwere- und Spannungsgefühl in den Beinen und Armen, Einschlafen von Händen und Füßen sowie bei Wadenkrämpfen. Padma 28 wurde in einigen klinischen Studien bei Patienten mit peripherer arterieller Verschlusskrankheit geprüft. Dabei konnten die schmerzfreien Gehstrecken signifikant verlängert werden. »Unerwünschte Nebenwirkungen wurden nicht berichtet«, schreibt die Arzneimittelkommission der Deutschen Apotheker.

Die tibetische Medizin wird in der westlichen Heilkunde vorwiegend bei den folgenden Krankheitsgruppen sehr erfolgreich eingesetzt: bei durch verhärtete Arterien (Arteriosklerose) hervorgerufenen Herz- und Gefäßerkrankungen, bei allgemeinen Durchblutungsstörungen, bei Verdauungsproblemen wie Verstopfung, Blähung etc., bei immunologisch bedingten Krankheiten, bei chronischen Erkrankungen, bei chronischen Muskel- und Gelenkschmerzen, chronischen Kopfschmerzen, bei Migräne, bei chronischen Entzündungen oder Schlafstörungen.

Die Ursache jeglicher Krankheit wird in der tibetischen Heilkunde auf ein Ungleichgewicht der drei Körperenergien zurückgeführt.

DER SKORPION

Traumdeutung

Wir kümmern uns zwar täglich um unseren Körper, waschen, nähren und pflegen ihn, doch dass wir eine Seele haben, wird uns meist nur in Krisenzeiten bewusst. Um die Seele dauerhaft gesund zu erhalten, ist es ganz wichtig, die nächtlichen Traumerlebnisse möglichst bald nach ihrem Auftreten zu deuten, damit sich kein innerer »Stau« bilden kann. Unser Seelenleben umfasst drei Bereiche: das *Ich* (unser Bewusstsein), das *Über-Ich* (unser Gewissen) und das *Es* (unser Unbewusstes). Wesentliche Impulse, die unser Denken, Fühlen und Handeln bestimmen, stammen aus dem unbewussten Bereich, in den wir alle Enttäuschungen, negativen Gefühle und schlechten Erfahrungen verdrängen. Unterdrückte Gefühle erzeugen jedoch Ängste, Vorurteile und Krankheiten oder bestimmen unbewusst Denken und Handeln. Wenn wir nichts über unser Unbewusstes wissen, dann werden wir keine Selbsterkenntnis erlangen. Und wer keine Selbsterkenntnis besitzt, wird ein wesentliches Grundbedürfnis niemals befriedigen können: die *Selbstverwirklichung*!

Träume sind Botschaften der Seele.

Ihr Traum verrät also nicht nur Botschaften und dient der Reinigung Ihrer Seele. Er kann Sie sogar warnen, er will und kann Böses oder Negatives abwehren, auf kommende Ereignisse, Möglichkeiten oder Chancen hinweisen. Sie sollten sich auf jeden Fall ein gutes Traumdeutungslexikon zulegen. Buchtipps finden Sie im Anhang.

Träumen Sie beispielsweise von einem *Krokodil,* dann symbolisiert dieses Traumbild dumpfe innere Energien oder eine sehr negative Lebenseinstellung. All diese Ängste, Begierden oder Leidenschaften können Sie förmlich verschlingen, doch Ihr Unterbewusstsein zeigt durch diesen Traum auf, dass es

Ihnen beim »Kampf mit dem Krokodil« beistehen wird. Sehen Sie nur ein Krokodil im Traum, dann sollten Sie in Ihrer Umgebung demnächst auf der Hut sein. Eine gefährliche Situation kommt auf Sie zu, wenn Sie im Traum von einem Krokodil gebissen werden. Töten Sie ein Krokodil, dann können Sie entweder einen starken Gegner oder eigene negative Energien besiegen!

Träumen Sie beispielsweise von einer *Schlange,* dann symbolisiert dieses Tier etwas Faszinierend-Unheimliches, etwas Bedrohliches, das Sie zugleich anzieht. In den Träumen von Frauen steht die Schlange sowohl für die Angst vor als auch für die Sehnsucht nach Sexualität. Sie ist aber auch eine listige Waffe gegen das andere Geschlecht. Die Schlange kann als Phallussymbol Versuchung, Verführung oder ungezügelte Triebhaftigkeit anzeigen. Auf jeden Fall weckt die Schlange immer Ihre unterbewussten Kräfte aus dem Gefühls-, Trieb- oder Instinktbereich, die jetzt in Ihr Bewusstsein aufsteigen und für Ihre weitere Entwicklung dienlich sein werden. Sie kann und will Ihre Selbsterkenntnis enorm vertiefen. Ein sehr aufschlussreiches Traumsymbol.

Ein Tipp: Sie können das eigene Traumleben am besten wieder aktivieren, indem Sie eine grundsätzlich freudige Erwartungshaltung einnehmen. Sie dürfen gespannt sein, was Ihnen Ihre Seele alles mitzuteilen hat. Wer sich an seine Traumbilder nicht mehr erinnern kann, dem kann mit Vitamin B$_6$ geholfen werden. Und wer Bach-Blüten einnimmt, wird bald eine Aktivierung des Traumlebens bemerken. Legen Sie sich vorsichtshalber Stift und Papier auf das Nachtkästchen und notieren Sie gleich nach dem Traum einige Stichpunkte daraus. Sie werden sehen: Am nächsten Tag steigt die Erinnerung daran wieder ganz auf und Sie können sich mithilfe eines guten Traumlexikons an die Deutung machen!

Träume können wichtige Zukunftsvisionen enthalten.

Urintherapie

Da die Ausscheidungsorgane astromedizinisch dem Skorpion zugeordnet sind, wäre diese Therapieform für alle Menschen empfehlenswert, die Planeten oder Aszendenten im Skorpion oder im achten Haus besitzen, oder bei auffälligen *Pluto*-Aspekten im Geburtshoroskop.

Dem Skorpion werden die Ausscheidungsorgane zugeordnet.

Urin besteht zu ca. 90 Prozent aus Wasser und enthält zahlreiche Mineralstoffe, Vitamine, Enzyme, Aminosäuren, Hormone und Salze. Einige Menschen haben einen tief sitzenden Widerwillen, den eigenen Urin zu Therapiezwecken zu trinken. Doch frischer Urin ist steril. Er hat zugleich antiseptische und antivirale Eigenschaften. Man kann den eigenen Urin zum Gurgeln (bei beginnender Angina), für Einläufe, als Nasen- und Ohrentropfen oder zum Trinken verwenden. Heilpraktiker potenzieren den Eigenurin und stellen daraus eine Nosode her. Empfehlenswert ist eine Kur über mehrere Wochen, doch auch Injektionen werden verabreicht.

Auch die äußerliche Anwendung (aufgetupft oder als Umschlag bei Hauterkrankungen oder schmerzenden Gelenken oder bei Fußpilz) zeigt gute Erfolge. Wer will, kann den ersten Morgenurin mit etwas Saft verdünnen und schluckweise auf nüchternen Magen trinken. Na denn, Prost – es kostet ja nichts!

Als Pionier der Urintherapie galt der Engländer John Armstrong, der sich damit von der Tuberkulose heilte und seine Erfahrungen in dem Buch »Das Wasser des Lebens« veröffentlichte.

Wasser mit heilender Wirkung

Skorpion-Menschen sind im wässrigen Element geboren. Deshalb ist Wasser in allen Formen für sie sehr wichtig. Doch es gibt lebendes und krankes Wasser, harmonisch schwingendes und disharmonisches, wissendes und unwissendes Wasser. Kirchen wurden z. B. sehr oft über oder neben heilendem und heiligem Wasser gebaut. Heilendes, rechtsdrehendes Wasser regt auch die Pflanzen zu größerem Wachstum an.

Trinken Sie täglich mindestens zwei Liter Wasser.

Trinkwasser sollte z. B. mindestens 6000 Ohm haben, doch das Leitungswasser unserer Städte liegt höchstens bei 2000 Ohm und darunter. So hat es jedoch keine Fähigkeit mehr, im Körper Schlacken an sich zu binden, und kann nicht entgiften. Nur wenige Heil- und Mineralwässer haben den geforderten Wert, wie z. B. das Haderheckwasser aus Königstein, Volvic und Spa aus Belgien oder Plose aus den Südtiroler Hochalpen (von 28 000 Ohm). Eine andere Alternative für gesundes Wasser wäre ein Umkehrosmosegerät, das Ihr Leitungswasser entsprechend reinigt.

Trinken Sie täglich mindestens 1,5 bis 2 Liter reines Wasser, denn für einen Skorpion ist Entgiftung äußerst heilsam! Doch es gibt große Unterschiede in der Qualität des Trinkwassers. Die meisten Menschen löschen ihren Durst ohnehin nur selten an der Wasserleitung in der Küche, sondern trinken Mineralwasser. Doch auch hier ist das Angebot mehr als verwirrend. Im Laufe meines Lebens habe ich noch zwei Wässer gefunden, die positive Heilwirkungen bei Dauergebrauch erzielten:

Das Bernadett-Hechtl-Sauerstoffwasser

Die Firma Herrnbräu hat ein Wasser im Handel, das mit rein natürlichem Sauerstoff versetzt wird. Auskunft über bundesweite Bezugsquellen in Ihrer Nähe (in Bayern meistens bei der Firma Orterer-Getränkehandel erhältlich) erteilt die Firma Herrnbräu Bürgerliches Brauhaus AG (Adresse siehe Anhang).

Das Grander-Wasser

Johann Grander entwickelte eine Technologie zur Wasserbelebung. Wasser hat eine besondere Kraft, die durch Umwelteinflüsse und den Transport in Druckleitungen verloren geht. Durch den Kontakt mit Grander-Informationswasser kann es die eigene Urkraft und Ordnung wieder aufbauen, sich regenerieren und sein Selbstreinigungsvermögen stärken. Das auf diese Weise belebte Wasser entwickelt Eigenschaften, die in der Natur selbst nur noch wenige Wässer aufweisen. Die Belebung erfolgt durch Geräte, die mit Informationswasser gefüllt sind und entweder in die Wasserleitung eingebaut oder direkt ins Wasser getaucht werden. Auskunft über Bezugsquellen erhalten Sie im Anhang.

Reines Wasser ist zur Entgiftung des Körpers unerlässlich.

Gesundheitstipps

Wohlfühltag(e)

Um Ihr körperlich-geistig-seelisches Gleichgewicht zu finden oder zu aktivieren, brauchen Sie alle vier Elemente: Sie sollten sich aktiv bewegen *(Feuer),* sich einige Zeit in frischer Luft aufhalten *(Luft),* auf natürlichem Boden – keinem Asphalt – gehen *(Erde)* und Sie sollten sich reinigen und entspannen *(Wasser).* Wenn Sie diese vier Elemente in Ihr Tagesprogramm mit einbauen können, stärken Sie Ihre körperliche, geistige und seelische Vitalität am besten.

Auf der Suche nach einem »Wohlfühlprogramm« für ein paar Tage Ausspannen fand ich die Chiemgau-Thermen in Bad Endorf (Ähnliches ist sicher auch in Ihrer Nähe zu finden), denn ich wollte mich weder in ein Flugzeug setzen noch stundenlange Anfahrten in Kauf nehmen.

Die Chiemgau-Thermen sind hervorragend geeignet bei allen orthopädischen Erkrankungen, beim rheumatischen Formenkreis, bei Herz-Kreislauf-Erkrankungen und bei Augenleiden. Jodsole lässt sich auch sehr gut für die Behandlung erkrankter Atemwege verwenden. Ihre schleimlösenden und bakterientötenden Eigenschaften kommen bei Inhalationen voll zur Wirkung.

Die Bad Endorfer Jod-Thermalsole kommt aus einer Tiefe von 4848 Metern (das ergibt zahlennumerologisch die äußerst günstige Zahl 24). Sie können vom frühen Morgen bis in die späten Abendstunden hinein schwimmen, saunen, sich im Freiluftbecken tummeln, die Kneipp-Tretanlage benutzen oder kostenlos an vielen Wassergymnastikangeboten teilnehmen. Ähnliche Thermen gibt es quer durch Deutschland, aber auch in Österreich und in Italien.

Alternativ empfiehlt sich für Skorpione, die keine Zeit für Kur-

Sie benötigen ein ausgewogenes Verhältnis aller vier Elemente, um ausgeglichen zu sein.

oder Thermenurlaub haben, der Besuch eines städtischen Schwimmbades. Dort werden auch immer wieder Termine angeboten für *Aqua-Jogging* oder *Aquarobic*. Ein wässriges Fitnessprogramm, das sowohl Kraft und Ausdauer als auch Entspannung bringt.

Versuchen Sie es doch mal mit Aqua-Jogging.

Kennen Sie schon *Watsu* (das sich aus den Worten »Water« und »Shiatsu« entwickelt hat)? Diese Partnerübung wird im 35 Grad Celsius warmen Wasser praktiziert. Auf harmonische und entspannende Weise werden dabei vor allem die Wirbelsäule und die Hauptgelenke des Körpers bearbeitet. Dabei muss man sich vertrauensvoll in die Hände des Partners fallen lassen. Und das kann ein echter Skorpion-Mensch eigentlich nicht besonders gut. Deshalb wäre diese Therapie bestimmt segensreich für Sie. Auf geht's zum Watsu …!

Zahlenmagie

Da der Skorpion numerologisch die Zahl 0 repräsentiert, die wiederum von *Pluto* beherrscht wird, bleibt seine Persönlichkeit quasi im Dunkeln, denn für die Zahl 0 gibt es nur wenig Beschreibungen. Die 0 will von anderen möglichst nicht entdeckt und am liebsten in Ruhe gelassen werden.
Trotzdem kann die Numerologie auch für Sie als Skorpion höchst interessant werden, denn Sie können sowohl aus Ihrer Geburtstagszahl, Ihrer kompletten Geburtszahl und der persönlichen Namenszahl viele hilfreiche Einsichten und Tipps für sich gewinnen.

Für die Zahl 0 gibt es nur wenig Erklärungsmodelle.

Ihre Geburtstagszahl
Die Geburtstagszahl wird aus dem Datum Ihres Geburtstags errechnet. Diese erste Zahl , die entweder eine ein- oder zweistellige Summe ergeben kann, sagt schon Wichtiges über Sie aus. Geburtstagszahlen kann man nicht verändern, denn wir alle sind eben an einem bestimmten Tag geboren.
Beispiele für Ihre Geburtstagszahl:
- Sie sind am 22.1.1950 geboren.

    2 + 2 = 22

    (Nicht auf 4 reduzieren, denn die 22 ist eine Meisterzahl!)
    Die Meisterzahl 22 zeigt Ihnen die Prägung Ihres Schicksals und Karmas auf. Diese Zahl zeigt eine spirituelle Natur an, die oft ein schweres Schicksal zu tragen hat. Hier ist zwar viel Spiritualität vorhanden, aber viel zu wenig »spirituelle Aggressivität«. Das sollte oder muss in diesem Leben erlernt werden.
- Sie sind am 29.3.1960 geboren.

    2 + 9 = 11

Ihre Geburtstagszahl ist die 29, aber auch die 11!
So repräsentiert die Zahl 29 »Gelassenheit unter Druck«, während die Zahl 11 den »Löwen mit Maulkorb« oder »die geballte Faust« symbolisiert.

So errechnen Sie Ihre persönliche Namenszahl.

◆ Sie sind am 3.12.1954 geboren.
Ihre Geburtstagszahl ist und bleibt die 3!
Die 3 ist eine Glückszahl des *Jupiter* und wird astrologisch dem Schütze-Zeichen zugeordnet.

Ihre persönliche Namenszahl

Selbstverständlich sollten Sie als nächsten Schritt Ihren Vornamen und Zunamen mithilfe der Numerologie in Zahlen umrechnen:

A = 1	H = 5	O = 7	V = 6
B = 2	I = 1	P = 8	W = 6
C = 3	J = 1	Q = 1	X = 5
D = 4	K = 2	R = 2	Y = 1
E = 5	L = 3	S = 3	Z = 7
F = 8	M = 4	T = 4	
G = 3	N = 5	U = 6	

Ein Beispiel für Ihre persönliche Namenszahl:
Hans Meyer
Hans = 5 + 1 + 5 + 3 = 14 = 5
Meyer = 4 + 5 + 1 + 5 + 2 = 17 = 8
14 + 17 = 31
Dies ergibt die beiden einstelligen Zahlen 5 + 8 und die beiden zweistelligen Zahlen 14 + 17 sowie die Gesamtzahl 31!
Die Persönlichkeit von Hans Meyer besteht aus der 5 und 8 (Persönlichkeit und Individualität) sowie aus der 14 und 17 (Schicksal und Karma). Aber auch die Gesamtzahl 31 ist hier

wichtig! Das ergibt beim vollständigen Namen die einstellige Zahl 4 und zweistellige Zahl 31!

Die 4 repräsentiert *Uranus* und die Zahl 31 symbolisiert »den Einsiedler«.

Sie werden beim Studium Ihres eigenen Namens merken, dass manche Aussagen (ob bei den ein- oder zweistelligen Zahlen) Ihnen viel stärker bewusst sind als die anderen. Ein Mensch besteht aus vielen Facetten, und einige davon sind vielleicht momentan deutlich stärker spürbar als die leiseren, die unbemerkt, aber doch vorhanden im Hintergrund wirken.

Ihre Persönlichkeit ist ein großes und spannendes Puzzle. Die Beschreibung aller wirkenden Zahlen würde den Rahmen dieses Buches sprengen, doch wer sich dafür interessiert, kann sich eines über Numerologie besorgen (siehe Buchtipps im Anhang).

Noch ein Tipp: Die Umlaute des Namens wie »ä«, »ö« oder »ü« werden als »ae«, »oe« oder »ue« geschrieben und auch so berechnet.

Ihre Persönlichkeit könnte mit einem großen Puzzle verglichen werden.

Ihre komplette Geburtszahl

Die einstelligen Zahlen von 1 bis 9 nennt man *Wurzelzahlen*. Sie geben Aufschluss darüber, wie die jeweilige Person in den Augen der anderen zu sein scheint. Die einstelligen Zahlen sind somit Symbol der Persönlichkeit oder Individualität. Einstellige Geburtszahlen können nur Neugeborenen ab dem 1.1.2000 haben (z. B. wenn ein Kind am 1.1.2000 geboren wurde, dann ergibt dies die einstellige Zahl 4).

In den meisten Fällen wird jedoch eine zweistellige Geburtszahl (bei allen Jahrgängen von 1900 bis 1999, denn schon das Geburtsjahr liegt hier immer im zweistelligen Bereich) herauskommen. Diese gibt Auskunft über Ihr Schicksal und Ihr Karma. Jede 0 wird nicht gezählt!

Beispiel für die Berechnung Ihrer Geburtszahl:
Sie sind am 19.10.1944 geboren und möchten Ihre komplette Geburtszahl ermitteln. Dann addieren Sie:
1+ 9 + 1 + 1 + 9 + 4 + 4 = 29
Ihre Geburtszahl ist somit die 29, aber auch die Zahlen 11 (29 = 2 + 9 = 11) und 2 (11 = 1 + 1 = 2) schwingen zusätzlich in Ihnen.

Eine Reise ins eigene Innere birgt nicht selten Überraschungen.

Wer sich für die aufschlussreiche Geisteswissenschaft der Numerologie tiefer interessiert, sollte sich mein Buch »Zahlenmagie – Ihre numerologischen Glückszahlen« besorgen. Dort finden Sie für jede Ihrer Geburts- und Namenszahlen 17 zusätzliche Tipps, wie man Glück und Erfolg aktivieren kann. Diese Reise ins eigene Innere wird sicherlich spannend für Sie werden.

Aber auch im nachfolgenden Kapitel über Ihre Jahres- oder Schicksalszahl erfahren Sie noch Interessantes über diese Geisteswissenschaft.

Zukunft:
Ihr persönliches
Jahresschicksal

»Alles hat seine Stunde,
und es gibt eine Zeit für jedes Vorhaben
unter dem Himmel ...«
(DAS BUCH PREDIGER, KAP. 3, .V. 1)

Jahresschicksal

Astrologie und Numerologie liefern nützliche Hinweise bei der Erforschung Ihrer Persönlichkeit.

Der Ursprung der Zahlen ist relativ unbekannt, doch es steht fest, dass schon Hermes Toth *(Merkur)* vor vielen Äonen, ja schon vor Atlantis sehr viel über sie gewusst hatte. Die alten Chaldäer, Ägypter, Hindu, Essener und auch die Weisen der arabischen Welt waren Meister in der Erkenntnis um die verborgene Bedeutung der Zahlen. Einige dieser Erleuchteten entdeckten, dass die Bewegung der Erdachse um den Pol der Ekliptik nur alle 25 850 Jahre stattfinden kann. Man wundert sich noch heute, wie sie diese Berechnungen ohne Instrumente mit derartiger Genauigkeit durchführen konnten. Manche Dinge auf dieser Welt wird man nicht enträtseln können. Man muss sie einfach akzeptieren in der Gewissheit, dass sich die Antworten zur rechten Zeit schon einstellen werden.

Mithilfe der *Numerologie* (das chaldäisch-hebräische kabbalistische numerische Alphabet) können Sie relativ schnell Ihr persönliches Jahresschicksal errechnen. Obwohl Astrologie und Numerologie eng miteinander verbunden sind, ist die Astrologie doch Königin der Geheimwissenschaften und kann noch viel detaillierter als die Numerologie Auskunft über günstige Zeitqualitäten, Wachstumsmöglichkeiten oder schwierige Entwicklungen geben. Aber das kostet Zeit und Geld.

Zwar gibt es schon längst preisgünstige Computer-Software, die astrologische Jahresanalysen erstellen können, doch ein Computer ist natürlich eine Maschine und kann den Menschen hinter dem Geburtsdatum nicht als ganze Persönlichkeit erfassen.

Falls Sie sich tiefer mit der Materie beschäftigen wollen, als es mit einem Computer möglich ist, dann sollten Sie einen seriösen und guten Astrologen aufsuchen. Fragen Sie diesen ruhig, wie und wo er sein Studium abgeschlossen hat und wie lange er schon praktiziert. Nur so können Sie sich von allen unseriösen Beratern abgrenzen. Ein guter Astrologe muss eigentlich keine Zeitungsinserate schalten. Er lebt von Stammkunden und deren Empfehlung. Fallen Sie nicht auf die »Multigenies« herein, die überall inserieren: Astrologie, Kartenlesen, Magie, Handlesen und vieles mehr. Derartige Berater müssten eigentlich so um die 80 sein, wenn sie all diese Praktiken ernsthaft studiert haben wollen. Wenn Sie Genaueres gar nicht wissen möchten oder im Moment dafür kein Geld zur Verfügung haben, dann probieren Sie doch die für Sie kostenlose und leicht zu erlernende Methode der *Numerologie* aus.

Numerologie ist einfach zu erlernen.

Ihre Jahres- oder Ereigniszahl

Sie finden Ihre aktuelle Jahres- oder Schicksalszahl, indem Sie die Jahreszahl in Ihrem Geburtsdatum durch das jeweils laufende Kalenderjahr ersetzen.

Ein Beispiel: Sie sind am 22.1.1950 geboren und möchten wissen, was das Jahr 2002 für Sie als Hauptthema bereithält. Dann addieren Sie:

So können Sie Ihre aktuelle Jahres- oder Schicksalszahl errechnen.

22 + 1 + 2002 =
2 + 2 + 1 + 2 + 2 = 9

Jede Null wird nicht gezählt!

Lesen Sie unter »Die 9 als Jahres- oder Ereigniszahl« nach, was das Schicksal Ihnen 2002 rät!

Zweites Beispiel: Sie sind am 19.10. 1944 geboren und möchten wissen, was das Jahr 2003 für Sie bereithält. Dann addieren Sie:

19 + 10 + 2003 =
1 + 9 + 1 + 2 + 3 = 16

Lesen Sie unter »Die 16 als Jahres- oder Ereigniszahl« nach, was das Schicksal Ihnen 2003 rät.

Die 1, 2, oder 3 als Jahres- oder Ereigniszahl

Diese Zahlen können rein rechnerisch nicht vorkommen, denn selbst wenn Sie am 1.1. eines Jahres geboren sind, ergibt die Jahreszahl für das Jahr 2000 schon die 4, denn 1 + 1 + 2 = 4!

Die 4 als Jahres- oder Ereigniszahl

Kommt die 4 als Jahreszahl für Sie in Betracht, kann diese auch von einer zweistelligen Zahl (13, 22, 31 oder 40) auf eine 4 reduziert werden. Lesen Sie dann neben diesem Abschnitt auch bei der 13 oder 22 nach, falls eine dieser Zahlen für Sie zutrifft.

Jahresschicksal

Als Jahreszahl ruft die 4 dazu auf, Ihre Individualität weiterzuentwickeln. Suchen Sie nach sinnvollen Reformen und Verbesserungen in Ihrer allernächsten Umgebung, doch gehen Sie dabei nicht nach altbewährten Methoden vor, sondern eher mittels ungewöhnlicher Ideen und Handlungsweisen.

Sie haben jetzt ein Gespür für kommende Entwicklungen und für Ihre eigene Zukunft. So erkennen Sie manches, was anderen noch verborgen bleibt. Das kann von tiefen Einsichten reichen bis hin zu Vorahnungen, die sich später verwirklichen. Dabei werden Ihre Stimmungen jedoch wechseln: Mal grübeln Sie tief über aktuelle Probleme nach, mal überfällt Sie urplötzlich ein Geistesblitz und ein anderes Mal verblüffen Sie mit Ihrer witzigen und schlagfertigen Argumentation Ihre »Gegner«. Lesen Sie einmal die Biografien von ungewöhnlichen Menschen, das kann Sie inspirieren. Pflegen Sie vor allem Freundschaften zu etwas außergewöhnlichen Personen, denn auch diese inspirieren Sie dieses Jahr sehr.

Rechnen Sie mit Veränderungen in Ihrem Leben.

Glauben Sie an das Unmögliche, doch halten Sie sich nicht mit Luftschlössern auf, die niemals zu verwirklichen sind. Ändern Sie ein paar Ihrer alten Gewohnheiten, denn nur wer sich selbst verändert, kann auch Veränderungen in größerem Ausmaß bewirken. Wie wär's mit einer neuen Frisur, einer neuen Farbe in der Kleidung oder einem neuen Auto?

Auf keinen Fall sollten Sie sich von anderen unnötige oder unsinnige Vorschriften machen lassen; dagegen dürfen Sie sich ruhig auf liebenswürdige Weise wehren. Der Einfluss der 4 wird Sie aber auf jeden Fall überraschen: Veränderungen finden sowohl innerlich als auch äußerlich in Ihrem Leben statt und eine innere Verjüngung ebenfalls.

Die Zahl 4 kann in dem errechneten Jahr eine Glückszahl für Sie werden – oder eine Schicksalszahl. Sie ist mit dem Wesen des *Uranus* und des Tierkreiszeichens *Wassermann* verwandt!

Die 5 als Jahres- oder Ereigniszahl

Kommt die 5 als Jahreszahl für Sie in Betracht, kann diese auch von einer zweistelligen Zahl (14, 23, 32 oder 50) auf eine 5 reduziert werden. Lesen Sie deshalb neben diesem Abschnitt auch bei der 14 oder 23 nach, wenn Sie eine dieser Zahlen errechnet haben.

Zeigen Sie in diesem Jahr Ihre vielseitigen Begabungen. Sie werden Ihre Ziele jetzt am leichtesten verwirklichen können, wenn Sie Ihren starken Glauben mit Ihren starken Wünschen verbinden. In diesem Jahr werden sich wohl einige Abwechslungen in Ihrem Leben ergeben. Vielleicht ein Umzug, eine interessante Reise, eine neue partnerschaftliche Verbindung. Auch Ihre Sprachbegabung kann Ihnen dieses Jahr von Nutzen sein – oder Ihre geistige Wendigkeit.

Zeigen Sie Ihre vielseitigen Begabungen.

Ihrer Aufmerksamkeit entgeht kaum etwas, doch in der Liebe sollten Sie Ihre logische Vernunft mal pausieren lassen, denn Liebe hat rein gar nichts mit Logik zu tun. Das Jahr eignet sich sehr gut für Arbeit in den Medien, im Verkauf, für Reisetätigkeit, für Beschäftigung in der Werbung, bei Verlagen, für Öffentlichkeitsarbeit oder für Arbeit am Computer. Schonen Sie Ihre Nerven, denn diese werden jetzt von vielen interessanten Dingen, Neuigkeiten und Informationen überflutet. Nüsse, Milch oder Vitamin-B-Komplex-Tabletten tun Ihnen jetzt gut, sonst erleben Sie manche schlaflose Nacht, weil Ihr Kopf einfach nicht abschalten kann. Setzen Sie Ihre gute Menschenkenntnis ein und umgeben Sie sich nicht mit den falschen Freunden oder Beratern. Auf jeden Fall werden Sie sich sehr schnell an alle neuen Situationen gewöhnen und flexibel auf jede sich bietende Veränderung reagieren können.

Wer zusätzlich eine astrologische Jahresanalyse mit seinen exakten Geburtszeitangaben (sind beim Standesamt Ihres Geburtsortes zu erfragen) in seine Planungen mit einbezieht, hat natürlich die größten Chancen, genau zum richtigen Zeitpunkt die passenden Aktionen zu starten. Umgekehrt schenkt Ihnen die Astrologie auch den klaren Überblick, zu welchen Zeiten es besser wäre, einen Gang rückwärts zu schalten, zu bremsen oder abzuwarten, denn mit ihrer Hilfe kann man die »Qualität der Zeit« berechnen, die speziell für Sie wirkt.

Die Zahl 5 kann in dem errechneten Jahr eine Glückszahl für Sie werden – oder eine Schicksalszahl. Sie ist mit dem Wesen des *Merkur* und der Tierkreiszeichen *Zwillinge* und *Jungfrau* verwandt!

Eine astrologische Jahresanalyse zusätzlich kann hilfreich sein.

Die 6 als Jahres- oder Ereigniszahl

Kommt die 6 als Jahreszahl für Sie in Betracht, kann diese auch von einer zweistelligen Zahl (15, 24, 33 oder 42) auf eine 6 reduziert werden. Lesen Sie deshalb zusätzlich unter 15 oder 24 nach, falls eine dieser beiden Zahlen auf Sie zutrifft.

In diesem Jahr sollten Sie nicht nach rein sexuellen Abenteuern suchen, sondern einer ganzheitlichen Liebe den Vorzug geben. Setzen Sie Ihr unwiderstehliches Lächeln ein – es wirkt wahre Wunder. Ihre Ausstrahlung nimmt erheblich zu und deshalb ziehen Sie einige Menschen magnetisch an. Wenn Sie nicht unter Prahlerei oder Verschwendungssucht leiden, dann haben Sie dieses Jahr die besten Möglichkeiten, sowohl die Liebe zu finden (oder eine schon vorhandene Beziehung auszubauen), aber auch Glück mit Geldangelegenheiten zu erleben und dabei noch äußerst kreativ zu sein (manchmal auch im biologischen Sinne).

Die Zahl 6 kann in dem errechneten Jahr eine Glückszahl für Sie werden – oder eine Schicksalszahl. Sie ist mit dem Wesen der *Venus* und der Tierkreiszeichen *Stier* und *Waage* verwandt!

Die 7 als Jahres- oder Ereigniszahl

Spezielle Talente kommen zum Vorschein.

Kommt die 7 als Jahreszahl für Sie in Betracht, kann diese auch von einer zweistelligen Zahl (16, 25, 34 oder 43) auf eine 7 reduziert werden. Lesen Sie auch unter der 16 nach, falls Sie diese Zahl errechnet haben.

Wenn Sie dieses Jahr einen Erfolg errungen haben, sollten Sie gleich weiterarbeiten, um ihn noch auszubauen. Jetzt werden Ihre Träume intensiver oder Sie entdecken neue Geheimnisse (der Mythologie, der Esoterik oder einer Grenzwissenschaft). Sie werden vielleicht sogar einige hellseherische Erfahrungen machen, doch das meiste spielt sich dieses Jahr in Ihrem Innern ab. Möglicherweise kommen eigenartige Talente plötzlich an die Oberfläche. Stehen Sie dazu, einen etwas eigenwilligen Charakter zu entwickeln; das macht Sie umso interessanter.

Jetzt könnten Sie auch in Not geratenen Menschen helfen oder für Hilfsorganisationen und Wohlfahrtsverbände aktiv werden, doch als »seelischen Abfalleimer« sollten Sie sich nicht degradieren lassen, sonst endet dies im »hilflosen Helfer«. Hektik und Stress gehen Sie besser aus dem Weg; das vertragen Sie jetzt schlecht. Suchen Sie die Stille, die Ruhe, denn nur dann kann Bewusstsein wachsen. Das Wasser in allen Erscheinungen tut Ihnen gut (ein Urlaub am Meer, ein Spaziergang an einem See, am Bachufer ein Buch lesen u. Ä.).

Aus philosophischen Einsichten oder geistigen Überlieferungen entwickeln sich jetzt in Ihnen tiefe Erkenntnisse, in welche Lebensrichtung Sie sich bewegen sollten. Achten Sie auf Ihre innere Stimme und auf Ihre Träume; auch diese schicken bedeutungsvolle Botschaften in Ihr Bewusstsein (siehe den Abschnitt über »Traumdeutung«).

Die Zahl 7 kann in dem errechneten Jahr eine Glückszahl für Sie werden – oder eine Schicksalszahl. Sie ist mit dem Wesen des *Neptun* und des Tierkreiszeichens *Fische* verwandt!

Die 8 als Jahres- oder Ereigniszahl

Kommt die 8 als Jahreszahl für Sie in Betracht, kann diese auch von einer zweistelligen Zahl (17, 26, 35 oder 44) auf eine 8 reduziert werden. Lesen Sie auch unter der 17 nach.

Das Jahr fordert Sie auf, ein harmonisches Gleichgewicht von Körper, Geist und Seele herzustellen. Es ist keine Sünde, nach Glück zu streben. Werden Sie aktiv! Sollte die Jahreszahl 8 mit Ihrem Geburtsdatum oder mit Ihrer Geburts- und Namenszahl identisch sein, dann wird dieses Jahr wohl schicksalsträchtig für Sie werden. Jetzt empfiehlt es sich wirklich, zusätzlich eine astrologische Jahresanalyse erstellen zu lassen (genaue Geburtszeit bitte am Standesamt Ihres Geburtsortes erfragen). Hier können Sie deutlich erkennen, ob gleichzeitig auch schwierige Saturn-Transite auf Sie einwirken, und vor allem zu welchen Zeiten. Es könnten karmische Lektionen stattfinden, doch trotz eines schweren Weges wäre auch ein erfolgreicher Abschluss durchaus möglich. Alle Ereignisse dieses Jahres könnten für Sie zum »Lehrer« werden.

Stellen Sie ein harmonisches Gleichgewicht zwischen Körper, Geist und Seele her.

Die 8 als Jahreszahl empfiehlt Ihnen, viel Ausdauer, Geduld, Konzentration, Stille, Rückzug und Kontemplation zu praktizieren. Es ist nur von Vorteil, wenn Sie sich von allzu hektischen oder oberflächlichen Aktivitäten zurückziehen und bisweilen ein bisschen Einsiedler spielen.

Sind Sie schon in höheren Positionen tätig, dann ist jetzt viel Selbstbeherrschung, Mut und Bescheidenheit gefragt, um diesen Posten zu festigen oder auszubauen. Vielleicht müssen Sie auch einige Opfer bringen, doch es würde sich lohnen. Mit Disziplin und Weisheit kommen Sie jetzt am besten voran und diese Tugenden sollten Sie ehrlichen Herzens weiter in sich aktivieren. Die Zahl 8 kann in dem errechneten Jahr eine Glückszahl für Sie werden – oder eine Schicksalszahl. Sie ist mit dem Wesen des *Saturn* und des Tierkreiszeichens *Steinbock* verwandt!

Jahresschicksal

Die 9 als Jahres- oder Ereigniszahl

Kommt die 9 als Jahres- oder Ereigniszahl für Sie in Betracht, kann diese auch von einer zweistelligen Zahl (18, 27, 35 oder 45) auf die einstellige 9 reduziert werden. Lesen Sie – falls Sie die 18 als Ergebnis herausbekommen haben – auch unter dieser Zahl nach.

Die Jahreszahl 9 rät Ihnen, weise oder kluge Personen aufzusuchen und diese um Rat zu bitten, falls es einmal nicht mehr so recht weitergeht. In diesem Jahr brauchen Sie Mut, Freude am Risiko, Durchsetzungsvermögen, Wille und Entschlossenheit. So können Sie Ihre Ziele am besten erreichen. Vermeiden Sie allerdings zu viel Egoismus, Jähzorn und Ellbogenmentalität. Ein mutiger Kämpfer ist stets fair und setzt seine Kraft für die wirklich wichtigen und echten Ziele ein. Bisweilen müssen Sie ganz schnell in kurzer Zeit wichtige Entscheidungen treffen.

Nutzen Sie Ihre Kraft für wichtige und echte Ziele.

Ist auch Ihre Geburts- oder Namenszahl die 9, dann sollten Sie den Fuß von Ihrem inneren Gaspedal nehmen. Ist Ihre Geburts- und Namenszahl jedoch nicht so impulsiv, dann heißt es jetzt, diese Wesensmerkmale zu aktivieren. Auch in Sachen Liebe kann es durchaus leidenschaftlich werden, doch die heißen Gefühle sind nicht unbedingt gut für einen Hochzeitstermin, denn dazu braucht man mehr innere Sicherheit und Ruhe. Sie könnten jetzt relativ schnell zum Kern einer Angelegenheit vordringen. Mit der 9 als Jahreszahl kann man durch weise Vorgehensweise wirklich große Durchbrüche oder Neuanfänge riskieren und dabei auch noch erfolgreich sein: nur Mut!

Die Zahl 9 kann in dem errechneten Jahr eine Glückszahl für Sie werden – oder eine Schicksalszahl. Sie ist mit dem Wesen und der Energie des *Mars* und des Tierkreiszeichens *Widder* verwandt!

Die 10 als Jahres- oder Ereigniszahl

Ergeben Ihre Berechnungen für das Sie interessierende Jahr die Zahl 10 (zum Beispiel wenn Sie am 20.4. geboren sind und die Ereignisfärbung des Jahres 2002 herausfinden wollen), dann sollten Sie sich positive Lebensveränderungen bereits zu Beginn des Jahres fest vornehmen. Setzen Sie all Ihre Energie und Ihr Geschick ein und stellen Sie sich das Endresultat schon bildlich vor. »Imaginiere und befehle« ist das Hauptmotto der 10.

Das Jahr ist günstig, um außergewöhnliche Pläne und Ziele durchzusetzen. Auf Selbstdisziplin und viel Mitgefühl dürfen Sie allerdings nicht verzichten. Das ist die notwendige Grundenergie, um jegliche Zerstörungsenergie abzuwenden oder zu verhindern. Zeigen Sie sich anpassungsfähig und intelligent, das sind die besten Bausteine auf dem Weg zu Ihrem Erfolg. Ihr gutes Gedächtnis kommt Ihnen jetzt des Öfteren zu Hilfe, aber auch Ihr diplomatisches Geschick werden Sie gut einsetzen können. Übertriebenen Egoismus sollten Sie auf jeden Fall vermeiden, denn das weckt polare Kräfte und führt zu Misserfolgen.

Setzen Sie außergewöhnliche Pläne um.

Sie können dieses Jahr selbst entscheiden, wie Ihr Leben weiterhin verlaufen soll. Bei positiver Grundeinstellung schenkt Ihnen die 10 ein gesundes Selbstvertrauen, den Glauben an den guten Ausgang einer wichtigen Sache und am Ende dann die ersehnte Anerkennung (ob privat oder beruflich). Je höher Ihre Persönlichkeit ausgerichtet ist, desto größer sind Ihre Erfolge in diesem Jahr!

Die 11 als Jahres- oder Ereigniszahl

Ergeben Ihre Berechnungen die Jahreszahl 11 (zum Beispiel wenn Sie am 3.4. geboren sind und die Ereignisfärbung des Jahres 2002 finden wollen), dann besitzen Sie hoffentlich eine günstige Geburts- oder Namenszahl als positives Gegengewicht zu dieser schwierigen 11er-Schwingung.

Für das Jahr mit der 11 als Ereigniszahl gilt eine ganz große Warnung: Hüten Sie sich davor, Ihre Ziele und Pläne anderen mitzuteilen! Nur längst erprobten Freunden sollten Sie sich anvertrauen. Jetzt lauern einige verborgene Gefahren, und Neider haben die Absicht, Ihnen einen Strich durch die Rechnung zu machen.

Missgunst, Intrigen, Heimlichkeiten, Verrat durch andere und ähnlich unschöne Erlebnisse warten dieses Jahr auf Bewältigung Ihrerseits – vielleicht ein Test?

Finden Sie einen Kompromiss zwischen allen wirkenden Kräften.

Jetzt dürfte es schwierig sein, zwei unterschiedliche Ziele zu vereinen. Eine dritte Kraft (eine Idee oder eine Person) ignoriert den Standpunkt der einen Seite und sabotiert so jede Harmonie.

Versuchen Sie immer, den Ursprung dieser trennenden Macht (Kraft) sofort zu identifizieren. Danach sollte ein guter Kompromiss zwischen allen wirkenden Kräften gefunden werden. Keine leichte Aufgabe. Aber auch in Ihnen selbst finden polare Kämpfe statt. Zwei Kräfte oder zwei Wünsche arbeiten des Öfteren gegeneinander. Doch auch diese Kräfte oder Wünsche sollten vereinigt werden, sonst folgt die Enttäuschung auf dem Fuß.

Leisten Sie sich, wenn es schwierig wird, doch eine astrologische Jahresanalyse. Auf jeden Fall sollten Sie Ihre Geheimnisse so lange hüten, bis sie keiner mehr durchkreuzen kann. Vermeiden Sie auch jegliche Illusionen und bleiben Sie sich selbst treu!

Die 12 als Jahres- oder Ereigniszahl

Ist die von Ihnen gefundene Jahreszahl die Zahl 12 (zum Beispiel wenn Sie am 7.1. geboren sind und die Ereignisfärbung des Jahres 2002 berechnen wollen), dann besitzen Sie hoffentlich eine günstigere Geburts- oder Namenszahl als positives Gegengewicht zu dieser schwierigen 12er-Schwingung.

Dieses Jahr werden andere Menschen versuchen, Sie zu benutzen, auszunutzen oder Ihre Energie vor deren Karren zu spannen. Auch Intrigen oder Verleumdungen sind jetzt zu erwarten, doch Sie können diese nur schlecht abwenden. Bleiben Sie vorsichtshalber immer ehrlich zu sich selbst und zu anderen. Sie strahlen etwas aus, das Sie dieses Jahr leicht zum »Opfer« machen kann. Bringen Sie jedoch nur notwendige Opfer, um Ihr Wissen zu erweitern. Von anderen wichtigen Lebenszielen sollten Sie sich auf keinen Fall abbringen lassen. Suchen Sie nur in Ihrem eigenen Innern nach der Lösung von Problemen. In diesem Jahr müssen Sie viel lernen, doch mit Selbstaufopferung hat dies nichts zu tun. Wenn Sie zum Opfer geworden sind, sollten Sie die eigene psychologische Ursache dafür herausfinden. War Ihr Selbstwertgefühl geschrumpft? Hatten Sie Angst, sich durchzusetzen, wütend zu werden, sich abzuwenden. Warum? Reagieren Sie auf Verleumdungen anderer am besten mit Nichtbeachtung oder Verachtung. Nur wenn Ihre Ehre angegriffen wird, sollten Sie sich mächtiger zur Wehr setzen (Anklage erheben). Opfern Sie auf keinen Fall Ihre persönlichen Ziele dem Ehrgeiz anderer Menschen!

Wenn sich Probleme auftun und Sie den Überblick verlieren, dann leisten Sie sich dieses Jahr doch mal eine astrologische Jahresanalyse oder eine persönliche Beratung!

Lassen Sie sich nicht von wichtigen Lebenszielen abbringen.

Die 13 als Jahres- oder Ereigniszahl

Ergeben Ihre Berechnungen für das Jahr die Zahl 13 (zum Beispiel) wenn Sie am 6.3. geboren sind und die Ereignisfärbung des Jahres 2002 wissen wollen), dann wird in dem betreffenden Jahr (in unserem Beispiel im Jahr 2002) die Schwingung der 13 für Sie aktuell werden.

Das Jahr scheint größere Veränderungen für Sie vorgesehen zu haben. Ursachen zeigen jetzt ihre Wirkungen. Revolution,

Riskante Unternehmungen oder Spekulationen sollten Sie vermeiden.

Umwälzung und Auflehnung führen dagegen ins Chaos. Je nachdem, wo Ihr Leben festgefahren ist und kein Wachstum mehr beinhaltet, wird Altes zerstört werden, damit Sie etwas Neues aufbauen können. Es kann sein, dass Ihre Affekte (Wut, Zorn, Sinnlichkeit oder Nervosität) besonders stark werden. Bauen Sie diese negativen Energien möglichst durch viel Sport ab. Hüten Sie sich auch vor riskanten Unternehmungen oder gar Spekulationen. Vermutlich findet in diesem Jahr auch ein wichtiger Transit des *Uranus* auf Ihr Geburtshoroskop statt.

Trotz aller Mäßigung werden unerwartete oder einschneidende Ereignisse stattfinden. Nur wer die eigene Macht zu selbstsüchtigen Zwecken missbraucht, wird nun große Fehlschläge erleben. Auch revolutionäres Verhalten, Widerstand oder Rebellion führen jetzt nur zu einem negativen Endresultat.

Wenn Sie sich dagegen allen auftauchenden Veränderungen willig beugen, verstärkt dies die positive Schwingung der 13. Dann können Sie Altes verändern und Neues aufbauen!

Die 14 als Jahres- oder Ereigniszahl

Berechnen Sie für ein Jahr die Zahl 14 (zum Beispiel wenn Sie am 4.6. geboren sind und die Ereignisfärbung des Jahres 2002 herausfinden wollen), dann wird in diesem Jahr (in unserem Beispiel im Jahr 2002) die Schwingung der 14 für Sie aktuell werden.

Es kann sein, dass Sie mit der Öffentlichkeit zu tun haben, vermehrt mit dem Bereich Kommunikation, Schreiben, Verlage oder Medien. Das neue Jahr bringt Abwechslung und Veränderung in Ihr Leben. Sie werden viele Kontakte mit Menschen erleben oder mit Ländern, durch Reisen – oder alternativ einen Ortswechsel vornehmen. Möglicherweise kommen Sie mit Naturgewalten in Berührung (Erdbeben, Stürme, Gewitter, Feuer oder Überschwemmungen). Vorsicht ist hier geboten.

Leider sind Sie des Öfteren zu pessimistisch eingestellt. Doch Sie werden merken, dass sich – sobald Sie optimistisch denken oder einfach ein bisschen Galgenhumor einsetzen – der Erfolg bald einstellen wird.

Verlassen Sie sich in diesem Jahr nicht auf andere Menschen, sondern vor allem auf Ihre Intuition und Ihre innere Stimme. Es kann sein, dass ein Mensch Ihnen eine Situation oder Sachlage völlig falsch darstellt und Sie Nachteile daraus haben. Mit Geld oder Spekulationen haben Sie dieses Jahr Glück, doch auch hier sollten Sie nicht zu vertrauensselig sein oder die Ratschläge anderer befolgen. Irgendein boshafter Mensch in Ihrer Umgebung vergönnt Ihnen das Glück nicht und ist bestrebt, Sie vom richtigen Weg wegzulocken!

Ihre Intuition und Ihre innere Stimme sind wichtige Quellen.

Die 15 als Jahres- oder Ereigniszahl

Haben Sie für ein Jahr die Zahl 15 berechnet (zum Beispiel wenn Sie am 31.7. geboren sind und die Färbung des Jahres 2002 mit allen Ereignissen wissen wollen), dann wird in diesem Jahr die Schwingung der Zahl 15 für Sie aktuell werden.

Sie besitzen jetzt besonders magische Kräfte, doch vor allen Praktiken in schwarzer Magie sollten Sie sich hüten (vor den Zahlen 4 und 8, vor niedrigem Okkultismus, vor Hypnose oder mentaler Suggestion). Sie sind oft zum rechten Zeitpunkt am richtigen Ort und ein geheimer Zauber führt Sie zu den passenden Menschen oder Situationen. Ihre Redebegabung wird jetzt gestärkt, aber auch in Musik, Kunst oder Theater können Sie Erfolge erzielen. Ihr Charisma ist groß und Ihre Anziehungskraft auf andere schier unwiderstehlich. Das kann auch zu sinnlichen Versuchungen führen. Vermeiden Sie es, mit List und Tücke Ihre Ziele zu verwirklichen. Dann werden Sie auch in puncto Geld viel Positives erleben.

Vielleicht kommen Sie dieses Jahr ganz unerwartet zu einem

höheren Gehalt, zu einer Erbschaft, zu einem finanziellen Geschenk. Vor allem wenn die finanziellen Mittel mal knapp werden, ist der Zustrom wieder offen. Andererseits wird man Ihnen auch viele kleine Gefälligkeiten erweisen. In diesem Jahr haben Sie die große Möglichkeit, anderen Menschen Glück zu schenken und Licht in jedes Dunkel zu bringen. Einzige Voraussetzung dafür: Sie benutzen Ihre magische Ausstrahlungskraft nicht für ausschließlich selbstsüchtige Zwecke!

Die 16 als Jahres- oder Ereigniszahl
Ergaben Ihre Berechnungen für ein Jahr die Zahl 16 (zum Beispiel, wenn Sie am 4.8. geboren sind und die Färbung des Jahres 2002 mit allen Ereignissen wissen wollen), dann wird in diesem Jahr die Schwingung der Zahl 16 für Sie aktuell werden.

Gehen Sie lieber Schritt für Schritt vor.

Diese Jahr dürfte schwierig werden, denn die 16 zieht ungewöhnliche Schicksalsschläge oder verhängnisvolle und rätselhafte Begebenheiten an. Gehen Sie jetzt keine unnötigen Wagnisse ein; planen Sie jeden Schritt besonders sorgfältig. Streben Sie nicht nach einer hohen Karriere (Turm), das könnte Sie zu Fall bringen. Auch jeder übertriebene Egoismus ist genauso riskant wie zu große Impulsivität. Möglicherweise haben Sie mit einer entzündlichen oder fiebrigen Erkrankung zu kämpfen. Hüten Sie sich vor niedrigen Leidenschaften und eigenartigen Gelüsten. Hören Sie nur auf Ihre innere Stimme. Streben Sie dieses Jahr nicht nach Ruhm und Anerkennung, sondern suchen Sie Ihr Glück eher im Privatbereich. Achten Sie auf Ihre Träume (siehe den Abschnitt über »Traumdeutung«); diese senden Ihnen wichtige Botschaften der Seele. Auch Ihre Intuition warnt Sie jetzt stark vor allen drohenden Gefahren. Besorgen Sie sich ein gutes Traumdeutungslexikon (siehe Literaturverzeichnis), denn Sie finden Ihr Glück dieses Jahr nur in Ihrem eigenen Innern!

Die 17 als Jahres- oder Ereigniszahl

Ergaben Ihre Berechnungen für ein Jahr die Zahl 17, weil Sie beispielsweise am 4.8. geboren sind und die Färbung des Jahres 2003 mit allen Ereignissen wissen wollten, dann wird in diesem Jahr die Schwingung der Zahl 17 für Sie aktuell werden. Das Jahr dürfte Ihnen meistens viel Liebe und inneren Frieden bringen. Sie können sich jetzt weiterentwickeln, weil Sie durch Probleme, Hindernisse oder Leiden wachsen können.

Ihr Wachstum tritt am schnellsten ein, wenn Sie sich geistig über all diese Ereignisse erheben. Jetzt haben Sie die besten Möglichkeiten und Chancen, wertvolle Taten und Werke zum Nutzen anderer Menschen zu vollbringen. Sollten Sie etwas bauen, schreiben, erschaffen oder vollenden, dann kann dieses Werk sogar über Ihren Tod hinaus bekannt sein, Sie damit unsterblich machen.

Gerechtigkeit und Friedensliebe sind jetzt Ihre Wegbereiter zum Glück. Leider geben Sie bisweilen auch dort nach, wo Sie sich eigentlich mehr durchsetzen sollten. Achten Sie darauf, nicht allzu gutmütig zu werden, sondern schieben Sie auch mal kräftig an und zeigen Sie »Ihre Zähne«. Enttäuschungen und Missverständnisse haben Sie sich selbst zuzuschreiben, wenn Sie allzu kompromissbereit sind und aus lauter Harmoniebedürfnis zu oft nachgeben!

Sie haben gute Chancen, wertvolle Taten zum Nutzen anderer zu vollbringen.

Die 18 als Jahres- oder Ereigniszahl

Ergaben Ihre Berechnungen für das neue Jahr die Zahl 18, weil Sie am 24.8. geboren sind und die Färbung des Jahres 2002 mit allen Ereignissen wissen wollten, dann wird in diesem Jahr die Schwingung der Zahl 18 für Sie aktuell werden.

In diesem Jahr könnten Familienstreitigkeiten ein großes Thema werden oder zu vielen Konflikten führen. Bei manchen Menschen werden sogar Krieg, Aufruhr oder Revolution im näheren Umfeld stattfinden. Eigenartigerweise könnten Sie für sich selbst aus diesen Unruhen sogar neue Verdienstmöglichkeiten schöpfen. Möglicherweise werden Sie auch von Freunden verraten oder getäuscht. Sie sollten sich auch vor Blitz, Gewitter, Sturm, Strom oder den Naturelementen in Acht nehmen und nicht mit elektrischen Leitungen herumhantieren. Bauen Sie viele Zahlen der 6er-Reihe in Ihr Leben ein (Hausnummer, Ort, Telefonnummer, Autokennzeichen u. Ä.) – das schafft ein positives Gegengewicht zu der etwas schwierigen 18.

Zuverlässiges Arbeiten gibt Ihnen Sicherheit.

Wichtig ist, dass Sie in diesem Jahr ganz zuverlässig arbeiten. Vor allem Ihr Streben nach geistiger Höherentwicklung oder nach Spiritualität kann Ihnen jetzt Glück bringen. Suchen Sie nach geeigneten Wissensgebieten und erweitern Sie diese geistige Ausrichtung in Ihnen selbst.

Werden Sie angelogen, zeigen Sie sich offen und ehrlich. Begegnen Sie Hass, dann antworten Sie darauf mit Liebe. Erleben Sie Grausamkeit, dann reagieren Sie darauf mit Freundlichkeit. So wird alle negative Schwingung der 18 in eine positive 6 verwandelt. In manchen Fällen ergibt sich dann sogar eine geistige Erleuchtung. Jeder zu große Materialismus in Ihnen hemmt nur Ihre geistigen und spirituellen Kräfte, die jetzt wachsen wollen!

Die 19 als Jahres- oder Ereigniszahl

Haben Sie für ein Jahr die Zahl 19 berechnet (zum Beispiel weil Sie am 25.8. geboren sind und die Färbung des Jahres 2002 mit allen Ereignissen wissen wollen), dann wird in diesem Jahr die Schwingung der Zahl 19 für Sie aktuell werden.

Das könnte wahrlich ein *Sonnen*-Jahr für Sie werden! Herzlichen Glückwunsch, denn diese Zahl zieht förmlich positive Ereignisse, Anerkennung, Erfolg, Freude und Zuversicht an.

Selbst nach kurzfristigen oder zeitweisen Fehlschlägen wird die weitere Entwicklung erfolgreich verlaufen. Lediglich vor zu großem Übermut und zu großer Begeisterung sollten Sie sich jetzt vorsichtshalber hüten. Der Erfolg kommt meistens urplötzlich – sowohl in beruflichen Angelegenheiten als auch im Privatleben.

Selbst wenn Ihre ursprüngliche Geburtszahl nicht so günstig ausfällt, werden Sie in diesem Jahr doch viel Glück erleben. Auf Ihrem eingeschlagenen Lebensweg kommen Sie mühelos voran. Lassen Sie Ihre »innere Sonne« immer wieder nach außen leuchten; das verstärkt die positive Schwingung der 19 und deren Glück bringende Wirkung in den kommenden Ereignissen.

Wer will, kann die 19 noch öfters in sein Leben mit einbauen (Hausnummer, gesamte Adresse, Orte, Telefonnummer, Autokennzeichen oder die 19 im Lottospiel) – eine Verstärkung der positiven Ereignisse wird dadurch möglich!

Sie kommen mühelos voran und das Glück steht auf Ihrer Seite.

Die 20 als Jahres- oder Ereigniszahl

Ergaben Ihre Berechnungen für ein Jahr die Zahl 20 – etwa weil Sie am 8.8. geboren sind und die Färbung des Jahres 2002 mit allen Ereignissen wissen wollten –, dann wird in diesem Jahr die Schwingung der Zahl 20 für Sie aktuell werden.

Dieses Jahr ist weniger materiell ausgerichtet, sondern sollte vor allem für eine große Tat oder Handlung verwendet werden. Zwar ruft die Zahl 20 zur Geduld auf, doch andererseits kann nun ein großes Erwachen in Ihnen selbst stattfinden. Neue Pläne, neue Ziele, neu geweckter Ehrgeiz, neue Wege schälen sich dabei heraus. Achten Sie jetzt auf Ihre Träume (siehe auch den Abschnitt über »Traumdeutung«), denn die liefern Ihnen bedeutende Zukunftsvisionen. Besorgen Sie sich ein gutes Traumdeutungslexikon (siehe Literaturverzeichnis).

In diesen visionären Träumen wird Ihre Zukunft bildlich dargestellt. Jetzt haben Sie die Möglichkeit, alle positiven Träume in die Realität umzusetzen – und die negativen Träume oder Visionen auszuschalten.

Entwickeln Sie Ihr geistiges und spirituelles Potenzial.

Geistig und spirituell können Sie in diesem Jahr enorm wachsen. Vor allem durch geistige Erkenntnisse und durch seelische Weiterentwicklung werden Sie frühere Blockaden, Hindernisse, Hemmungen und Verzögerungen überwinden können. Wer zudem die wirtschaftlichen Aspekte des Lebens aktivieren will, sollte sich zusätzlich mit den Zahlen 6, 24 oder 33 umgeben!

Die 21 als Jahres- oder Ereigniszahl
Ergaben Ihre Berechnungen für ein Jahr die Zahl 21, dann wird in diesem Jahr die Schwingung der Zahl 21 für Sie aktuell werden.
Sehr günstig wäre es, wenn Sie sich schon im mittleren Lebensalter befänden. Denn die 21 weist darauf hin, dass Sie jetzt günstige Vorsorge für einen sorgenfreien Lebensabend tragen können. Wer noch mitten im Leben steht und an seiner Karriere arbeitet, hat ebenfalls Glück zu erwarten. Vor allem wenn in den letzten Jahren viele Seelenprüfungen oder andere Tests oder Probleme zu bewältigen waren.
Jetzt erfahren Sie endlich positive Ergebnisse: Beruflicher Aufstieg ist in Sicht, aber auch hohe Anerkennungen könnten Ihnen zuteil werden (sowohl geistig als auch weltlich gesehen). Sie können in diesem Jahr die schöne Erfahrung machen, was es heißt, Glück im Leben zu haben. Entweder werden Sie jetzt befördert oder aber Sie erleben positive Unterstützung von Freunden, Verwandten und Bekannten. Jetzt können Sie frühere Schwächen überwinden und besiegen. Freuen Sie sich darauf!

Bleiben Sie weiterhin standhaft, und achten Sie darauf, dass Ihr Leben nach »einer höheren Bestimmung« ausgerichtet ist. Auch im finanziellen Bereich werden Sie erfreulichen Zuwachs oder Erleichterungen verspüren!

Die 22 als Jahres- oder Ereigniszahl
Ergeben Ihre Berechnungen für ein Jahr die Zahl 22, dann wird in diesem Jahr die Schwingung der Zahl 22 für Sie aktuell werden.
Das von Ihnen errechnete Jahr enthält einige Warnungen: Entweder haben Sie sich in manchen Träumen oder in zu vielen Illusionen verfangen. Sie schleppen einen Rucksack voller Irrtümer mit sich herum, doch Sie wehren sich erst, wenn unmittelbare Gefahr droht. Sie sollten schleunigst aus Ihren Träumen erwachen und keinerlei Selbsttäuschungen pflegen. Bisweilen schweben Sie jetzt in »höheren Regionen« und ziehen deshalb Misserfolge an. Sie schenken meistens Menschen Vertrauen, die es gar nicht wert sind. Jetzt sind höchste Wachsamkeit und Vorsicht geboten.

Machen Sie sich nichts vor: Erwachen Sie aus Ihren Träumen!

Lassen Sie sich nicht von der Dummheit oder Hinterhältigkeit anderer Menschen blenden. Sie sollten jede Form von »spiritueller Faulheit« überwinden und stattdessen »spirituelle Aggressivität« entwickeln. Befehlen Sie Ihre Erfolge und erkennen Sie Ihre eigene Macht, die negativen Dinge des Lebens zu verändern. Nur wenn Sie Ihre persönliche Verantwortung anerkennen und diese richtig beherrschen, können Sie am Ende der Geschehnisse selbst »Herr(in) der Dinge« werden.
Sollten Sie jetzt unschuldigerweise in Rechtsstreitigkeiten verwickelt werden, dann müssen Sie sich zur Wehr setzen. Fordern Sie, dass Gerechtigkeit geübt wird, suchen Sie sich einen guten Anwalt und zeigen Sie mal »Ihre Zähne«. Nur wenn Sie

all dies gelernt haben, können Sie erleben, dass aus Ihren eigenen Ideen und Träumen durchaus Realität werden kann!

Die 23 als Jahres- oder Ereigniszahl
Ergaben Ihre Berechnungen für ein Jahr die Zahl 23, dann wird in diesem Jahr die Schwingung der Zahl 23 für Sie aktuell werden.

In diesem Jahr werden sich einige karmische Belohnungen ereignen: Sie erleben Unterstützung, Hilfe und Schutz in allen persönlichen und beruflichen Aktionen, doch Sie werden auch von Vorgesetzten und anderen Autoritäten gefördert. Die Zahl 23 ermöglicht günstige Protektionen von Menschen in einflussreichen Positionen, bewirkt aber auch Erfolge in einer eher geistigen Tätigkeit.

Sie können mit Unterstützung im beruflichen und privaten Bereich rechnen.

Möglicherweise machen Sie in diesem Jahr sogar eine Erbschaft. Vieles wird jetzt belohnt, das Sie in früheren Inkarnationen an Gutem geleistet haben. Sie erleben die wohltuende Gunst von Verwandten und anderen einflussreichen Beschützern. Zeigen Sie sich würdig und dankbar über diese Gaben des Schicksals, denn Sie werden nicht vielen Menschen und auch nicht andauernd verschenkt.

Es würde sich lohnen, in diesem Jahr des Öfteren die Zahl 23 zu Hilfe zu nehmen (Lottospiel, Adresse, Orte, Telefonnummern, Autokennzeichen und vieles andere mehr) oder alternativ die Zahlen 5, 14, 32, 41 oder 50, damit sich die positive Schwingung Ihrer Glückszahl noch erhöht!

Die 24 als Jahres- oder Ereigniszahl
Haben Sie für ein Jahr die Zahl 24 berechnet, dann wird in diesem Jahr die Schwingung der Zahl 24 (die sich aus Ihrem Geburtstag, Ihrem Geburtsmonat und dem Jahr, dessen Ereigniszahl sie wissen wollen, ergibt) für Sie aktuell werden.

Jahresschicksal

In diesem Jahr werden Sie viele karmische Belohnungen empfangen können. Die Zahl 24 verheißt Glück im Leben oder wohltuende Hilfe und Unterstützung von Gleichgesinnten und Freunden. Auch Ihre Vorgesetzten werden Sie kräftig fördern wollen, denn die Zahl 24 verspricht den Beistand der Mächtigen. Sie können fast sicher sein, dass sich Ihr finanzieller Erfolg dieses Jahr gewaltig steigern lässt. Sie werden aber auch Menschen von hohem Stand oder von hoher Bildung kennen lernen – alles förderlich auf Ihrem weiteren Lebensweg.

Freuen Sie sich auf glückliche Stunden in der Liebe.

Dieses Jahr haben Sie auch das Glück in der Liebe zur Seite, denn Sie besitzen jetzt eine starke Anziehungskraft auf das andere Geschlecht. Die einzige Stolperfalle, die Sie beachten sollten: Hüten Sie sich vor zu viel Selbstherrlichkeit und Arroganz – sowohl in beruflichen, in finanziellen als auch in liebesmäßigen Angelegenheiten. Ein jetziger Missbrauch der Glückszahl 24 kann in späteren Leben zu einer schwierigeren Geburtszahl führen (die man ja nicht verändern kann).

Vermeiden Sie jede Form von Selbstsucht und widerstehen Sie allzu oberflächlichen Versuchungen. Sie sollten auch nicht zu nachsichtig mit sich selbst sein. Wer keinerlei Gleichgültigkeit kultiviert, dem wird durch die Zahl 24 sehr viel Kreativität zufließen, viel Liebe und viel Geld!

Tipp: Wer sich noch intensiver mit dem spannenden Bereich der *Numerologie* (Ihr Geburtsdatum, Ihre komplette Geburtszahl, Ihre Namenszahl) beschäftigen will, sollte sich mein neues Buch über *Zahlenmagie* besorgen. Dort sind viele unterstützende Hilfsmittel besprochen, die Ihr persönliches Glück aktivieren!

Ihr Aszendent

Kennen Sie schon Ihren Aszendenten? Der Aszendent (AC) ist das Tierkreiszeichen, das zum Zeitpunkt Ihrer Geburt am östlichen Horizont aufsteigt. Nur mit Kenntnis der genauen Geburtszeit kann man diesen wichtigen Punkt errechnen.

Die Umwelt nimmt eher den Aszendenten als das Sonnenzeichen wahr.

Ihr Aszendent prägt Ihren ersten Eindruck von dieser Welt; er zeigt auch auf, wie andere Menschen Sie wahrnehmen. Ihre Art aufzutreten, ist im Aszendenten erkennbar.

Auch unser Temperament wird stark vom Aszendenten stimuliert und geprägt. Deshalb verhalten wir uns oft anders, als es im Sonnenzeichen beschrieben steht. Der Aszendent beeinflusst neben den rein genetischen Vererbungen aber auch unser Aussehen. Deshalb ist es für Astrologen oft einfacher, den Aszendenten eines Menschen zu erraten als das Sonnenzeichen, das erst nach längerer Unterhaltung durchschimmert. Von großer Bedeutung ist auch der Herrscher des Aszendentenzeichens und seine Position im Geburtshoroskop. Dadurch kann man erkennen, wie dieser Mensch seine Energien am natürlichsten entfalten und ausdrücken kann. Die Mischung aus Sonnenzeichen und Aszendenten enthält viele weitere und äußerst interessante Auskünfte.

Fazit: Es ist spannender als der beste Krimi, in die eigene Seele hinabzusteigen und sich selbst zu erforschen!

Mithilfe der folgenden **Aszendententabelle** können Sie ganz leicht und schnell Ihren Aszendenten selbst errechnen:

1. Suchen Sie in der oberen Leiste Ihren Geburtsmonat und Ihr Geburtsdatum.
2. Suchen Sie in der Tabelle darunter nach Ihrer Geburtszeit.
3. Jetzt können Sie in der gleichen Spalte ganz links Ihren Aszendenten ablesen!

Aszendent

Monat vom bis	Januar 1. 10.	11. 20.	21. 31.	Februar 1. 10.	11. 20.	21. 28.	März 1. 10.	11. 20.	21. 31.	April 1. 10.	11. 20.	21. 30.
♈ Widder	11:50 12:25	11:10 11:45	10:30 11:05	09:50 10:25	09:10 09:45	08:30 09:10	07:55 08:30	07:15 07:50	06:35 07:10	05:55 06:30	05:15 05:50	04:30 05:10
♉ Stier	12:45 13:30	12:00 12:50	11:20 12:05	10:45 11:30	10:00 10:45	09:30 10:10	08:45 09:35	08:05 08:50	07:25 08:15	06:45 07:35	06:05 06:50	05:30 06:10
♊ Zwillinge	13:55 15:10	13:20 14:25	12:35 13:50	11:55 13:10	11:15 12:30	10:35 11:55	10:05 11:15	09:20 10:35	08:40 09:55	08:00 09:15	07:20 08:35	06:35 07:55
♋ Krebs	15:50 17:30	15:10 16:50	14:30 16:10	13:50 15:30	13:10 14:50	12:40 14:20	11:55 13:35	11:15 12:55	10:35 12:15	09:55 11:35	09:15 10:50	08:40 10:20
♌ Löwe	18:20 20:15	17:40 19:35	17:00 18:55	16:20 18:25	15:40 17:35	15:10 17:00	14:25 16:20	13:45 15:40	13:05 15:00	12:25 14:15	11:40 13:40	11:10 13:00
♍ Jungfrau	21:00 22:55	20:20 22:15	19:40 21:35	19:00 20:55	18:20 20:15	17:45 19:35	17:05 19:00	16:30 18:20	15:45 17:50	15:05 17:00	14:30 16:20	13:45 15:35
♎ Waage	23:50 01:45	23:10 01:05	22:30 00:25	21:50 23:45	21:10 23:05	20:30 22:30	19:55 21:50	19:15 21:10	18:35 20:30	17:55 19:50	17:15 19:10	16:30 18:30
♏ Skorpion	02:30 04:25	01:50 03:45	01:10 03:05	00:30 02:25	23:50 01:45	23:20 01:10	22:35 00:25	21:55 23:50	21:15 23:05	20:35 22:25	19:55 21:50	19:20 21:10
♐ Schütze	05:20 07:00	04:40 06:20	04:00 05:40	03:20 05:00	02:40 04:20	02:05 03:45	01:20 03:05	00:45 02:25	00:05 01:45	23:32 01:05	22:45 00:25	22:05 23:45
♑ Steinbock	07:50 09:05	07:10 08:25	06:30 07:45	05:50 07:05	05:10 06:25	04:35 05:45	03:55 05:10	03:15 04:40	02:35 04:15	01:55 03:10	01:15 02:30	00:35 01:45
♒ Wassermann	09:40 10:25	09:00 09:40	08:20 09:05	07:40 08:25	07:00 07:40	06:20 07:10	05:45 06:30	05:05 05:50	04:25 05:10	03:45 04:30	03:05 03:50	02:20 03:10
♓ Fische	11:00 11:35	10:15 10:50	09:35 10:15	09:00 09:35	08:15 08:50	07:45 08:15	07:05 07:40	06:20 06:55	05:45 06:20	05:05 05:40	04:20 04:55	03:45 04:15

Anhang

Monat vom bis	Mai 1.–10.	Mai 11.–20.	Mai 21.–31.	Juni 1.–10.	Juni 11.–20.	Juni 21.–30.	Juli 1.–10.	Juli 11.–20.	Juli 21.–31.	August 1.–10.	August 11.–20.	August 21.–31.
♈ Widder	03:55 04:30	03:15 03:50	02:30 03:10	01:55 02:30	01:15 01:50	00:30 01:05	23:50 00:25	23:10 23:45	22:30 23:05	21:50 22:25	21:10 21:45	20:20 20:55
♉ Stier	04:45 05:30	04:05 04:50	03:30 04:10	02:45 03:30	02:05 02:55	01:20 02:05	00:45 01:30	00:00 00:45	23:20 00:05	22:40 23:25	22:00 22:45	21:15 22:05
♊ Zwillinge	06:00 07:15	05:20 06:15	04:35 05:55	04:00 05:15	03:20 04:35	02:35 03:50	01:55 03:10	01:15 02:30	00:35 01:50	23:55 01:10	23:15 00:30	22:35 23:45
♋ Krebs	07:55 09:35	07:15 08:50	06:40 08:15	05:55 07:35	05:15 06:50	04:30 06:10	03:50 05:30	03:10 04:50	02:30 04:00	01:50 03:30	01:10 02:50	00:25 02:05
♌ Löwe	10:25 12:20	09:40 11:40	09:05 11:00	08:25 10:20	07:40 09:40	07:00 08:55	06:20 08:15	05:40 07:35	05:00 06:55	04:20 06:15	03:40 05:35	02:55 04:45
♍ Jungfrau	13:05 15:00	12:30 14:20	11:45 13:35	11:05 13:00	10:30 12:20	09:40 11:35	09:00 10:55	08:20 10:15	07:40 09:35	07:00 08:55	06:20 08:15	05:30 07:30
♎ Waage	15:55 17:50	15:15 17:05	14:30 16:30	13:55 15:50	13:15 15:10	12:30 14:25	11:50 13:45	11:10 13:05	10:30 12:25	09:50 11:45	09:10 11:05	08:30 10:20
♏ Skorpion	18:35 20:25	17:50 19:45	17:20 19:10	16:35 18:25	15:55 17:10	15:10 17:05	14:30 16:25	13:50 15:45	13:10 15:05	12:30 14:25	11:50 13:45	11:05 13:00
♐ Schütze	21:20 23:05	20:40 22:20	20:05 21:45	19:20 21:05	18:00 20:10	17:45 19:45	17:20 19:00	16:40 18:20	16:00 17:40	15:20 17:00	14:40 16:20	13:55 15:30
♑ Steinbock	23:55 01:10	23:10 00:25	22:35 23:45	21:55 23:10	21:10 22:30	20:30 21:45	19:50 21:05	19:10 20:25	18:30 19:45	17:50 19:05	17:10 18:25	16:20 17:35
♒ Wassermann	01:45 02:30	01:05 01:50	00:20 01:10	23:45 00:30	23:05 23:50	22:20 23:05	21:40 23:25	21:00 21:45	20:20 21:05	19:40 20:25	19:00 19:45	18:10 18:55
♓ Fische	03:00 03:35	02:20 02:55	01:45 02:15	01:00 01:35	00:20 00:55	23:40 00:15	23:00 23:35	22:15 22:50	21:40 22:10	21:00 21:35	20:15 20:50	19:30 20:05

Aszendent

Monat vom bis	September 1. 10.	September 11. 20.	September 21. 30.	Oktober 1. 10.	Oktober 11. 20.	Oktober 21. 31.	November 1. 10.	November 11. 20.	November 21. 30.	Dezember 1. 10.	Dezember 11. 20.	Dezember 21. 31.
♈ Widder	19:45 20:20	19:05 09:40	18:20 18:55	17:45 18:15	17:00 17:35	16:20 16:55	15:45 16:20	15:05 15:40	14:25 15:00	13:45 14:20	13:05 13:40	12:30 13:05
♉ Stier	20:40 21:25	19:55 20:40	19:15 20:00	18:30 19:20	17:55 18:40	17:15 18:00	16:40 17:25	16:00 16:45	15:15 16:05	14:40 15:25	14:00 14:45	13:20 14:05
♊ Zwillinge	21:50 23:00	21:10 22:25	20:25 21:40	19:50 21:00	19:05 20:20	18:25 19:40	17:50 19:00	17:10 18:25	16:35 17:45	15:50 17:00	15:10 16:25	14:35 15:50
♋ Krebs	23:40 01:25	23:05 00:50	22:20 00:05	21:40 23:20	21:00 22:40	20:20 22:05	19:40 21:25	19:05 20:50	18:25 20:05	17:40 19:25	17:05 18:50	16:30 18:10
♌ Löwe	02:15 04:10	01:40 03:30	00:55 02:45	00:20 02:05	23:30 01:25	22:55 00:55	22:05 00:10	21:40 23:30	20:55 22:45	20:15 22:10	19:40 21:30	19:00 20:55
♍ Jungfrau	04:55 06:50	04:15 06:10	03:30 05:25	02:50 04:45	02:10 04:05	01:30 03:25	00:55 02:50	00:15 02:10	23:30 01:30	22:55 00:50	22:15 00:10	21:40 23:35
♎ Waage	07:45 09:35	07:05 09:00	06:20 08:15	05:45 07:35	05:00 06:55	04:20 06:15	03:45 05:35	03:05 05:00	02:30 04:20	01:45 03:35	01:05 03:00	00:30 02:25
♏ Skorpion	10:20 12:25	09:45 11:40	09:00 10:55	08:20 10:15	07:40 09:35	07:00 08:55	06:20 08:15	05:45 07:40	05:05 06:55	04:20 06:15	03:45 05:40	03:10 05:05
♐ Schütze	13:10 14:55	12:35 14:15	11:50 13:30	11:10 12:50	10:30 12:10	09:50 11:30	09:10 10:55	08:35 10:15	07:50 09:30	07:10 08:55	06:35 08:15	06:00 07:40
♑ Steinbock	15:45 17:00	15:05 16:20	14:20 15:35	13:40 14:55	13:00 14:15	12:20 13:35	11:45 13:00	11:05 12:15	10:20 11:35	09:45 11:00	09:05 10:20	08:30 09:45
♒ Wassermann	17:35 18:20	16:55 17:40	16:10 16:55	15:30 16:15	14:50 15:35	14:10 14:55	13:30 14:20	12:50 13:40	12:10 12:55	11:35 12:20	10:55 11:45	10:20 10:05
♓ Fische	18:50 19:25	18:15 18:50	17:30 18:05	16:50 17:25	16:10 16:45	15:30 16:05	14:50 15:25	14:15 14:50	13:30 14:05	12:50 13:25	12:15 12:50	11:40 12:15

Aszendent Widder

Der Widder-Aszendent sieht das Leben viel stärker als eine Herausforderung, als ein anderes Tierkreiszeichen dies je empfinden könnte. Man will gerne den ersten Platz einnehmen, Anführer eines Rudels sein, Aktionen starten und neue Dinge anreißen. So sind Menschen mit dem Aszendenten Widder in ständiger Unruhe oder zumindest in gespannter Erwartungshaltung, denn: »Wer zu spät kommt, den bestraft das Leben.«

Sie spielen gern die erste Geige.

Als Widder-Aszendent sind Sie von Geburt an recht spontan und energiegeladen. Sie besitzen einen großen Wunsch nach Unabhängigkeit und wollen eigene Entscheidungen treffen (außer Sie hätten einen weichen Planeten wie Mond oder Venus am Aszendenten platziert).

Ihr Wille ist stark ausgeprägt und Sie sind auch sehr schnell begeisterungsfähig. Ihre Besuche fallen oft ohne Voranmeldung aus und auch Ihre Mimik und Gestik sind ständig in Bewegung.

»Wo ein Wille ist, ist auch ein Weg«, zählt zu Ihren Mottos.

Bisweilen reagieren Sie jedoch viel zu impulsiv und handeln dann so energisch, dass Sie Ihre Umgebung und die Mitmenschen damit vor den Kopf stoßen. Ihr Wille und Ihre Entschlusskraft sind andererseits oftmals eine Garantie für das Gelingen. Entweder neigen Sie selbst zu kleinen Verletzungen oder aber Sie sorgen für Bewegung und Unruhe in Ihrer Umgebung: Dann fallen manchmal ein paar Gläser oder andere Gegenstände Ihnen selbst oder anderen Menschen aus der Hand, sobald Sie den Raum betreten, denn: »Wo gehobelt wird, da fallen Späne.«

Sie sollten Ihre angeborene Power immer wieder sportlich

Aszendent

abreagieren, denn Ihr Körper produziert vermehrt Adrenalin. Ein Widder, der sich nicht ständig körperlich abreagiert, geht sonst anderen Menschen mit seiner überschießenden Energie und Unruhe auf die Nerven.

Sehr oft schwärmen Widder-Aszendenten für schnelle Autos (wie zum Beispiel Michael Schumacher, AC Widder, geb. 3.1.1969) und wollen natürlich solch einen flotten Flitzer besitzen. Dafür geben sie relativ schnell und unbedenklich ihr Geld aus, doch auch hier sind kleine Karambolagen keine Seltenheit!

Durchstarten heißt Ihr Motto.

Sie überlegen nicht so lange wie ein typisches Erdzeichen (Stier, Jungfrau oder Steinbock), sondern stürmen voller Elan und Tatendrang drauflos, denn: »Was du heute kannst besorgen, das verschiebe nicht auf morgen.« Selbst wenn der Widder-Aszendent noch gar nicht weiß, wohin die Richtung gehen soll – »starten« ist seine Devise. Dass man dabei andere bisweilen über den Haufen rennt oder beiseite drängt, nimmt er im Eifer des Gefechts oft gar nicht wahr. Dann ist er ganz erstaunt, dass manche Mitmenschen beleidigt reagieren oder ihn für ziemlich rücksichtslos halten. Es fehlt ihm einfach ein bisschen Feingefühl für die Bedürfnisse anderer Menschen.

Der Widder-Aszendent ist der geborene Einzelkämpfer, doch er will auch lieben. Seine wilde Entschlossenheit, sein Mut, seine Durchsetzungskraft zeigen sich in forschem Auftreten, in heftigen Bewegungen und in einem flotten Laufschritt.

Meistens verläuft auch die Geburt eines Widder-Aszendent-Babys ganz plötzlich und schnell. Dem Widder pressiert's schon am ersten Tag, damit er ja nichts verpasst. Trotzdem oder gerade deswegen ist die Lebensaufgabe eines Widder-Aszendenten, mehr Rücksichtnahme, mehr Geduld, bewusstes Handeln zu lernen und Kompromisse zu suchen.

Ihr sechstes Haus (Gesundheit) steht in der *Jungfrau*. Wichtig ist deshalb, Ihre Gefühle und Bedürfnisse auszudrücken und sich dabei nicht unterzuordnen. Gehen Sie fürsorglich mit Ihrer Gesundheit um, doch sorgen Sie sich nicht zu sehr. Reinigungsdiäten oder Fastenkuren sind von Zeit zu Zeit sehr hilfreich!

Widder ist Herrscher von Haus eins

Hier zeigt sich Ihr Image.

Hier geht es um unsere Selbstdarstellung, um unser Ego, um die Ansprüche und das Verhalten des Ich, um unser Geltungsstreben. In diesem Haus zeigt sich die Person, wie sie anderen erscheint, wie sie auf andere zugeht, und hier erfahren wir unser Image. Stehen Planeten in diesem Haus, dann erleben wir diese Lebensbereiche besonders deutlich!

Aszendent Stier

Das Tempo des Auftretens mäßigt sich beim Stier, denn: »Gut Ding will Weile haben.« So lässt er sich auch bei der Geburt etwas Zeit und startet sein Leben langsam, denn er geht lieber »auf Nummer sicher«. Dort, wo es geschützt und gemütlich ist, lässt er sich gerne nieder. Die Freuden des Lebens gefallen ihm, denn: »Essen und Trinken hält Leib und Seele zusammen.«

Sie wirken vertrauensvoll und sind charmant.

Er hat ein gutes Gefühl für Formen und Geschmack sowie eine Vorliebe fürs Geld. Ein Stier-Aszendent strahlt meistens Wärme und innere Zufriedenheit aus. Er kann geduldig und lange auf einen günstigen Moment warten. Unermüdlich arbeitet er an seinen wichtigen Zielen und so schnell bringt ihn nichts aus der Ruhe.

Was er besitzt, lässt er nicht mehr los. Das bringt einerseits Beständigkeit und Besitz (»My home is my castle«) in sein Leben, doch andererseits macht es den Stier-Aszendenten etwas schwerfällig gegenüber wichtigen Veränderungen. Die Macht der Gewohnheit lässt ihn bisweilen sogar recht unflexibel und stur werden. Als äußeres Erscheinungsbild ist oft der breite Stiernacken vorzufinden oder eine etwas rundliche Statur.

Bei Ihren Mitmenschen erwecken Sie schnell Vertrauen durch Ihre besonnene Art und Ihren Realitätssinn. Aber Sie sind auch höflich und besitzen eine Portion Charme, denn Ihre Herrscherin *Venus* schenkt Ihnen diese Gaben ohne jegliche Anstrengung: »Die süßesten Kirschen sind die aus Nachbars Garten!«

Sie handeln lieber nach altbewährten Methoden, als Neues auszuprobieren. Man könnte Sie bisweilen als stur oder verstockt bezeichnen, doch die schönen Dinge dieser Welt verlieren Sie nie ganz aus den Augen (Liebe, Erotik und sinnliche Genüsse aller Art). Trotzdem halten Sie in schweren Zeiten lange durch und sind »krisenfest«.

Bisweilen neigen Sie aber auch zu Unnachgiebigkeit oder Verschlossenheit, vor allem wenn Ihre ureigensten Interessen angegriffen oder infrage gestellt werden.

Sie lieben die Natur.

Sie handeln gern nach bewährten Methoden, was Sie in Ihren Reaktionen bisweilen etwas langsam macht. Sie werden wohl ein eher gemäßigtes Tempo in allen Angelegenheiten des Lebens vorlegen (Ausnahme: *Mars* im Widder oder *Mars-Uranus*-Aspekte). Positiv gelebt besitzen Sie viel Natürlichkeit und der Kontakt mit der Natur ist zum Aufladen Ihrer Kräfte segensreich. Was Sie ärgern kann, ist die Tatsache, dass oft »die dümmsten Bauern die größten Kartoffeln ernten«!

Die Lernaufgabe des Stier-Aszendenten wäre das Loslassen von unnützem Ballast, von Gier und die tiefere Auseinandersetzung mit dem Leben. Meist finden sich Neptun-, Uranus- und Pluto-Spannungsaspekte im eigenen Geburtshoroskop, die diese Aufgabe unterstützen. »Lerne mehr Beweglichkeit in allem«, lautet die Aufgabe. Ihre Geburtsherrscherin *Venus* stimuliert Ästhetik und Harmonie; so kann ein Stier-Aszendent über die Liebe und durch schöpferische Aktivitäten diese Lernaufgaben leichter bewältigen. Unser Dasein pulsiert im Stirb und Werde. Dadurch bleibt es lebendig – genau das sollte ein Stier-Aszendent in diesem Leben lernen.

Venus herrscht auch über Ihr sechstes Haus (in der Waage), und so tun Ihnen Wellness-Wochenenden in einem Gesundheitshotel recht gut. Analysieren Sie immer Ihre Partnerschaft, arbeiten Sie an einer guten Beziehung. Lassen Sie »es« hier nicht schleifen. Aber auch schöne Musik oder die Künste (als Hobby) unterstützen kräftig Ihre Heilung und Gesundheit!

Aszendent

Stier ist Herrscher von Haus zwei

Hier geht es um Besitz, um Substanz, um Raumansprüche, um den eigenen Energiehaushalt, die Vorratssicherung, um unsere Talente, unsere finanziellen Mittel, um unser Vermögen, um den Selbstwert und die Selbstverteidigung. Sind Planeten in diesem Haus, dann erleben wir diese Bereiche besonders deutlich!

Hier geht es um Ihren Besitz und Ihre Talente.

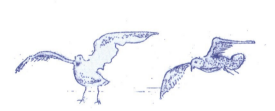

Aszendent Zwillinge

Sie legen sich ungern fest und sind äußerst vielseitig.

Die Neugierde ist eine seiner wichtigsten Antriebe. Kaum die Welt betreten, war der Zwillinge-Aszendent schon ganz entzückt von den vielen Eindrücken, die diese ihm bot. »Sich regen bringt Segen«, gehört zu seinem Motto. Alles ist äußerst interessant, was um ihn herum geschieht. Deshalb kann er sich nur schwer für eine Sache entscheiden, weil ihm dann andere Dinge möglicherweise durch die Finger gleiten.

Das führt natürlich oft zwangsläufig zur Zersplitterung, zur Rastlosigkeit oder zu manchen Oberflächlichkeiten. Der Zwillinge-Aszendent nimmt die Welt erst mal durch geistige Wahrnehmung auf. So vernachlässigt er seine emotionalen, gefühlsmäßigen oder körperlichen Bedürfnisse. All das erscheint ihm nämlich ein wenig diffus oder einschränkend gegenüber seiner geistigen Freiheit. Deshalb legt er sich ungern fest, hält sich in zwischenmenschlichen Beziehungen mit Vorliebe ein paar Türen offen und hat bisweilen Terminprobleme.

Als Zwillinge-Aszendent wirken Sie auf Ihre Mitmenschen äußerst beweglich und vielseitig. Manche werfen Ihnen sogar vor, Ihre Vielseitigkeit sei unberechenbar. Neugierig und aufgeschlossen gehen Sie auf Menschen oder Aufgaben zu und widmen sich Ihren Interessen.

Ihre markantesten Eigenschaften sind Ihre Kontaktfreude und -fähigkeit sowie Ihre große Aufgeschlossenheit vielen Dingen gegenüber. Sie reden oder schreiben gern und sind an allen Neuigkeiten in dieser Welt interessiert. Denken Sie aber auch an das Sprichwort: »Reden ist Silber, Schweigen ist Gold.« Die Telekom freut sich sicher über die monatliche Abrechnung, denn Zwillinge-Aszendenten telefonieren oft, gerne und lange!

Aszendent

Sie beobachten alles und ziehen sämtliche Möglichkeiten in Erwägung. Dies führt allerdings auch wieder dazu, dass Sie sich des Öfteren nicht entscheiden können. Ihre Schnelligkeit und Beweglichkeit ermöglichen Ihnen rasche Reaktionen. Als Zwillinge-Aszendent können Sie gut vermitteln, stellen gerne Verbindungen zwischen den Menschen her und geben auch all Ihr Wissen (oder Ihre Neuigkeiten) bereitwillig an andere weiter, denn Ihr Geburtsherrscher ist *Merkur*. Diese Planetenenergie befähigt zur gedanklichen Kombination der Erkenntnisse. Mit ihm wollen wir lernen, Informationen und Wissen sammeln und diese in Worte und Begriffe fassen. Diese rein intellektuellen Fähigkeiten sind jedoch nicht mit Weisheit (*Jupiter*, Haus neun) gleichzusetzen!

Kommunikation und Medien sind elementar für Sie.

Kommunikation und Medien spielen bei Ihnen eine sehr große Rolle. Zwillinge-Aszendenten ohne Telefon, Video, Radio oder CD-Player werden gemütskrank.

Als Zwillinge-Aszendent beobachten Sie gern und dadurch öffnen sich Ihnen eine Vielzahl von Möglichkeiten. Allerdings haben Sie auch Probleme mit klaren Entscheidungen, denn Ihre Interessen und Neigungen sind weit gestreut. Wie könnte man sich für eine Sache entscheiden, wenn man dadurch andere Möglichkeiten kurzzeitig aufgeben müsste?

Andere Menschen halten Sie vielleicht für zu oberflächlich.

Die körperliche Erscheinung eines Zwillinge-Aszendenten ist meistens recht feingliedrig und jugendlich (auch im Alter). Franz Beckenbauer beweist uns das, Steffi Graf, Henry Kissinger oder Louis de Funès (alle besitzen einen Zwillinge-Aszendenten).

Sie haben ein Gespür für Details, verlieren sich aber oft darin oder sehen den Wald vor lauter Bäumen nicht mehr. Die Flut an Informationen überspült Sie oft und schnell verlieren Sie dann Ihren Blick für die höheren beziehungsweise tieferen Erkenntnisse.

Diese gewinnt man nur in der Stille, wenn man sich vom hektischen Alltag zurückzieht. Nur dann kann man den Blick für einen größeren Zusammenhang schärfen. »Ein Ganzes ist mehr als die Summe seiner Teile«, wäre ein passender Lernschritt für den Zwillinge-Aszendenten. Meiden Sie jegliche Oberflächlichkeit, und lernen Sie, sich beeindrucken zu lassen und die Synthese zu finden.

Folgen Sie Ihrem eigenen Weg.

Beim Zwillinge-Aszendenten steht das sechste Haus (Gesundheit) im Zeichen *Skorpion*. Sie sollten immer hinterfragen, ob es auch wirklich Ihr eigener Weg ist, dem Sie folgen. Womöglich dienen Sie fast unbemerkt einem fremden oder alten Sippenmuster. Falls Verstopfung oder Darmprobleme auftauchen, dann sollten Sie sich fragen, was Sie nicht loslassen können. Im Falle einer Krankheit brauchen Sie intensive Heilungsprozesse, denn da hilft keine sanfte Badekur. Selbsterfahrungen sind förderlich, verschiedene psychotherapeutische Behandlungen, die alles Unbewusste ins Bewusstsein holen und tiefe energetische Blockaden lösen!

Zwillinge ist Herrscher von Haus drei
Hier bilden wir uns, entwickeln unsere Lernfähigkeit, unsere Sprache, unsere Kultur und das Kollektive. Hier werden Denknormen übermittelt. Planeten im dritten Haus zeigen unsere natürlichen Kontakte auf, unsere Verwandtschaft, die Nachbarn und unsere Geschwister. Sind Planeten in diesem Haus, dann erleben wir diese Bereiche besonders deutlich!

Aszendent Krebs

Der Krebs-Aszendent nimmt seine Welt vor allem emotional wahr. Seine Feinfühligkeit für das ihn umgebende Umfeld macht ihn auch äußerst empfindsam für die Bedürfnisse anderer Menschen. Zugleich setzt er sich damit einer ständigen Gefahr aus, verletzt zu werden. Deshalb will er nicht vorwärts drängen, sondern krebst lieber seit- oder rückwärts, damit ihn kein anderer umrennen kann. Auch von der eigenen Empfindsamkeit wird er bisweilen förmlich überwältigt. Beim Krebs-Aszendenten spielt der Einfluss des *Mondes* eine starke Rolle, der die Gefühlsnatur stimuliert und je nach Zeichen, Haus und seinen Aspekten unseren Kontaktwunsch, unser Bedürfnis nach Zärtlichkeit, Verständnis und unsere seelische Geborgenheit symbolisiert.

Sie sind äußerst empfindsam und stehen unter dem Einfluss des Mondes.

Als Krebs-Aszendent reagierten Sie schon bei der Geburt sehr sensibel auf aggressive, bedrohliche oder störende Einflüsse von außen. Ganz schlimm ist es für Sie, wenn geliebte Personen Ihnen gegenüber eine mangelnde Zuwendung zeigen. Wechselnde Stimmungen (Mond = Luna = Launen) überschwemmen Ihre Gefühlslage. Wenn Sie sich davor gar nicht mehr retten können, ziehen Sie sich zurück, um einer Überflutung Ihres melancholischen Temperaments zu entgehen. Passende Sprichwörter für den Krebs wären: »Der Apfel fällt nicht weit vom Stamm« oder »Aufgeschoben ist nicht aufgehoben«! Äußerlich weist ein Krebs-Aszendent (auch Hans-Dietrich Genscher, 21.3.1927) meistens weiche Gesichtszüge (mondförmig) oder einen eher rundlichen Körper auf.

Andere Menschen fühlen sich durchaus hingezogen zu Ihrer fürsorglichen Art und vertrauen Ihnen gerne ihre Sorgen und Nöte an. Ein Aszendent Krebs geht nie gerne und direkt auf die Dinge zu, sondern er bevorzugt seinen typischen Krebs-Gang (Umwege, etwas seit- oder rückwärts) oder drei Schritte vor und zwei zurück. Sie bleiben sehr lange Ihrer kindlichen Unschuld treu und oft ein Leben lang den Eltern seelisch stark verbunden (im positiven als auch im negativen Sinne). Ihre Erinnerungen aus der Kindheit sind für Sie realer als Ihre zukünftigen Möglichkeiten. So lebt der Krebs oft mehr in der Vergangenheit und ist weniger an der Zukunft interessiert.

Entwickeln Sie mehr Mut zum eigenen Ich.

Sie halten sich lieber an vertraute Methoden (und Menschen) und am wohlsten fühlen Sie sich dort, wo Sie seelische Geborgenheit empfinden (»Trautes Heim, Glück allein!«). Dann öffnen Sie sich und zeigen Ihr Mitgefühl, das liebe Menschen gerne in Anspruch nehmen dürfen. Sie sind meist nur in einer Stimmung, die Ihnen voll entspricht, und dort, wo Sie sich auch gefühlsmäßig wohl fühlen, kontaktfreudig. Ansonsten wirken Sie ein bisschen scheu und reserviert. Ihre sehr empfindsame Veranlagung ermöglicht es Ihnen, Ihre Mitmenschen schnell zu verstehen. Der Nachteil daran ist Ihre geringe Frustrationstoleranz. Schnell sind Sie verletzt und reagieren darauf beleidigt mit Rückzug.

Sie brauchen öfter mal eine kleine Ruhepause, um sich zu regenerieren. Ihre emotionale Sicherheit erhalten Sie sich durch vorsichtiges Festhalten an gewohnten Verhaltensweisen, an Erziehungsmustern oder an gesellschaftlichen Konventionen. Dies liefert Ihnen den für Sie notwendigen Schutz vor Verletzungen. Die eigene Wohnung und die Familie spielen eine große Rolle für Ihre psychische Stabilität. Sind Sie ein Feuer- oder Erdzeichen mit Krebs-Aszendent, so könnten Sie durch berufliche Aktivitäten und den daraus resultierenden Erfolgen so manche seelische Unsicherheit oder Stimmungsschwankung des Krebs-Aszendenten wettmachen.

Die Lernaufgabe Ihres Krebs-Aszendenten ist, sich eine stabilere Schale zuzulegen, damit Sie sich besser schützen und abgrenzen können. Dann werden Sie auch mutiger in der Außenwelt auftreten. Sie sollten andere nicht durch Ihre Empfindsamkeit manipulieren (auch Selbstmitleid führt zu nichts), sondern mehr Mut zum eigenen Ich entwickeln. »Lerne mehr Selbstständigkeit im Auftreten«, ist Ihre Lebensaufgabe.

Beim Krebs-Aszendenten befindet sich im sechsten Haus (Gesundheit) das Zeichen *Schütze*. Sie sollten wissen, dass Gesundheit wichtig ist, um sich selbst zu entwickeln. Ab und zu eine Auslandsreise und alle nichtheimischen Arzneien, Tees, Kräuter etc. tun Ihnen echt gut. Wie wär's mal mit einer ayurvedischen Kur?

Lernen Sie, sich abzugrenzen.

Krebs ist Herrscher von Haus vier

Dieses Haus enthält das Kollektiv, symbolisiert die Zugehörigkeit zu einer Familie, zeigt unsere Herkunft, unsere Heimat und unsere Mutterbeziehung auf. In diesem Haus sind wir mit den Traditionen verbunden, hier empfinden wir ein Nestgefühl, eine Heimatverbundenheit oder entwickeln unser Urvertrauen. Sind Planeten in diesem Haus, dann erleben wir diese Bereiche besonders deutlich!

Aszendent Löwe

Selbstverständlich weiß ein Löwe-Aszendent schon bei der Geburt, dass die Welt förmlich auf ihn gewartet hat und dass er etwas ganz Besonderes ist, doch er sollte daran denken: »Es ist nicht alles Gold, was glänzt!«

Sie besitzen sehr viel Kreativität.

Er fühlt sich oft und gern als Mittelpunkt des Geschehens und zieht, wenn es sein muss, sogar mit Gebrüll die Aufmerksamkeit des Publikums auf seine Person. Da er fest von seiner eigenen Wichtigkeit überzeugt ist (Vorsicht: »Eigenlob stinkt!«), begegnet er unserer Welt selbstsicher. Als Strahlemann/-frau empfängt der Löwe-Aszendent dann auch die entsprechend große Beachtung oder den Respekt seiner Umgebung. Die meisten seiner Handlungen sind deshalb auf Wirkung, auf Anerkennung oder auf Beifall ausgerichtet, und so stellt sich ein Löwe-Aszendent auch gerne zur Schau. Giorgio Armani (11.7.1934) hatte ebenfalls einen Löwe-Aszendenten, aber auch Richard Burton oder Maurice Chevalier profitierten von dieser angeborenen königlichen Ausstrahlung.

Ein Löwe-Aszendent ist ungeheuer kreativ. Sein Auftreten oder seine Erscheinung ist einfach nicht zu übersehen. Meist wirkt er attraktiv auf andere; sein stolzer und selbstbewusster Gang und sein Strahlen im Gesicht zeugen davon. Viele besitzen sogar noch eine auffallende Löwenmähne, doch alle eignen sich für Führungs- oder Repräsentationsaufgaben.

Der Löwe-Aszendent erhöht Ihr Charisma und Sie strahlen eine natürliche Autorität aus. Ihre Anstrengungen sind mehr auf die großen Dinge gerichtet. Sie möchten alles, was Sie tun, aus Überzeugung tun können und verachten kleinliche Charaktere und Verhaltensweisen. Sie zeigen Ihre Abneigung ganz deutlich, denn blöde oder unbedeutende Personen strafen Sie mit königlicher Nichtbeachtung. Neigen Sie eher zum Angriff, dann ist Arroganz Ihre Waffe, doch denken Sie daran: »Arroganz ist das Selbstbewusstsein des Minderwertigkeitskomplexes!« Es ist deshalb wichtig, dass Sie sich durch Ihre Leistungen das Umfeld schaffen, in dem Sie im Großen wirken können. Sonst wäre nur Platz für Prahlerei und erborgte Allüren, aber: »Hochmut kommt meist vor dem Fall.« Allerdings bestehen wenig Zweifel, dass es Ihnen gelingen wird, die Sphäre von Größe und Freiheit zu sichern, um sich wohl fühlen zu können.

Sie haben schauspielerisches Talent.

Sie besitzen von Natur aus schauspielerische Talente, die Sie bei Ihrem Auftreten und in Ihrer Wirkung auf andere einsetzen. Leider sind bisweilen auch theatralische Auftritte in diesem Repertoire mit enthalten!

Alles dreht sich meist um Sie selbst, doch oft sehen Sie die Welt zu sehr als Bühne, auf der man seinem persönlichen Geltungsbedürfnis nachkommt. Dann sind Sie nicht sensibel und offen genug für die Wünsche und Bedürfnisse anderer. Negativ bestrahlt stellt ein Löwe-Aszendent seine angeborene Autorität in den Dienst der eigenen Selbstverherrlichung. Positiv bestrahlt beschützt er all seine Lieben und wird seine großzügige Ader zeigen. Wen er liebt, der steht unter seinem persönlichen Schutz (wie auch im Tierreich).

Die *Sonne* ist seine Impulsgeberin. Sie stimuliert die Qualität des Selbstbewusstseins. Sie schenkt uns Lebensenergie und ihre Kraft steuert unseren Willen und unsere Lebensziele.

Das polare Zeichen *Wassermann* könnte Sie daran erinnern, dass reine Selbstverwirklichung nicht unbedingt auf Kosten anderer gehen muss, denn einen Teil davon kann man sehr gut für gemeinschaftliche oder humanitäre Ziele einsetzen. »Lerne zu differenzieren.« Wer nämlich so viel königliche Huldigung und Aufmerksamkeit für sich selbst in Anspruch nimmt (»Vermeide jeden Stolz«), sollte im Gegenzug auch seine königlichen Pflichten (Dienst am Nächsten) erfüllen, denn ein König ist in erster Linie »der oberste Diener seines Volkes«.

Beim Löwe-Aszendenten befindet sich das Zeichen *Steinbock* im sechsten Haus (Gesundheit). Sie sollten deshalb volle Verantwortung für Ihre Gesundheit übernehmen. Doch der Löwe-Aszendent hat dafür wenig Interesse. So werden kleine Beschwerden gerne verdrängt. Wichtig wäre für Sie, in der Gesundheitsvorsorge diszipliniert und konsequent zu sein. Traditionelle Heilweisen wirken bei Ihnen besonders gut, alternative Methoden dafür weniger. Sie brauchen auch in der Therapie feste Strukturen, dann geht es Ihnen bald besser!

Gesundheit ist ein wichtiges Thema für Sie.

Löwe ist Herrscher von Haus fünf

Hier zeigt sich unsere Spielwiese, hier erproben wir uns selbst, hier experimentieren wir und entwickeln Risikofreude. Dazu gehören künstlerischer Ausdruck, der Einsatz von Talenten, Freizeitvergnügungen, das Imponiergehabe und die Erotik. Und natürlich auch die biologischen Resultate dieser erotischen Vergnügungen. Sind Planeten in diesem Haus, dann erleben wir diese Bereiche besonders deutlich!

Aszendent Jungfrau

Durch den Jungfrau-Aszendenten sind Sie von Natur aus eher vorsichtig und zurückhaltend, sowohl anderen wie auch sich selbst gegenüber kritisch eingestellt. Sie suchen nach Perfektion (z. B. in der Arbeit, zu Hause, in einem Wissensgebiet) und möchten keine leeren Versprechungen abgeben. So bleiben Sie lieber im Hintergrund, bis Sie Ihre Umgebung genau beobachtet haben (»Vorsicht ist die Mutter der Porzellankiste«). Nur wenn es aus sachlichen oder fachlichen Gründen gerechtfertigt ist, treten Sie in Erscheinung.

Es fällt Ihnen leichter, etwas für andere als für sich selbst zu fordern.

Es fällt Ihnen wesentlich leichter, zugunsten einer Sache oder eines Schwächeren Ansprüche zu stellen als für sich selbst. Ein Jungfrau-Aszendent nimmt meistens seine persönlichen Anliegen und Wünsche zu wenig wahr oder traut sich nicht, konkret etwas zu fordern.

Schon bei der Geburt war der erste Eindruck eine eher nüchterne Bestandsaufnahme. Die Frage nach Nützlichkeit und Produktivität in allen Angelegenheiten ist für Sie von großer Bedeutung. Sie erleben sich als Rädchen einer großen Maschinerie und deshalb stellen Sie persönliche Bedürfnisse leider oft zurück. Sie sind krisenerprobt und problemfest. Auch Helmut Schmidt (23.12.1918) bewies häufig genug seinen schier unermüdlichen Arbeitseinsatz und sein Fachwissen.

Sie wollen Ihre Aufgaben optimal erfüllen und beachten übervorsichtig jedes Detail (»Wer den Pfennig nicht ehrt, ist des Talers nicht wert!«). Dadurch wirken Sie bisweilen zu perfektionistisch oder fast bürokratisch.

Ein Jungfrau-Aszendent ist meist von klassischer Schönheit. Auffallend sind wohlgeformte Körperkonturen (außer Sie haben zum Beispiel Jupiter im ersten Haus oder eine genetisch bedingte Veranlagung zu körperlicher Fülle). Der kritisch-prüfende Blick ist Teil Ihrer Ausstrahlung, denn Sie können glänzend analysieren und gut beobachten. Ihnen entgeht kein noch so winziges Detail einer Person oder Sache.

Der Jungfrau-Aszendent ist kein Draufgänger, Abenteurer oder Sprücheklopfer. Sie werden ohnehin immer wieder von großen Ängsten geplagt. Wenn diese dazu führen, dass Sie sich emotional dem Leben gegenüber verschließen, dann werden Sie starr und unflexibel, was sich nach einiger Zeit auch in der Körperhaltung widerspiegeln wird. Durch Fleiß, unermüdlichen Arbeitseinsatz und durch Geschäftigkeit versuchen Sie stets dem Unausweichlichen, Unkontrollierbaren oder dem Chaos in allem zu entkommen.

Sie sind ein glänzender Beobachter.

Ein Jungfrau-Aszendent bräuchte noch ein paar feurige oder luftige Elemente, damit er sich nicht als Opfer degradiert. *Merkur* ist Geburtsherrscher der Jungfrau. Er ist die Energie, die wir zum Lernen, zum Kommunizieren und zum Entwickeln eines gesunden Intellekts benötigen. Gerade das Gegenzeichen *Fische* könnte den Jungfrau-Aszendenten immer wieder daran erinnern, dass es zwischen Himmel und Erde Dinge gibt, die man nicht messen, zählen, wiegen oder gar begreifen kann. »Lerne zu vertrauen und vermeide zu viel Skepsis.« Der Lernschritt des Jungfrau-Aszendenten wäre, mehr Hingabe und Mitgefühl zuzulassen und auch den »unordentlichen« Aspekten des Lebens mutiger zu begegnen.

Das Zeichen *Wassermann* befindet sich in Ihrem sechsten Haus (Gesundheit). Normale Gesundheitstherapien sprechen bei Ihnen nicht an. Sie benötigen ungewöhnliche Heilweisen, die noch nicht von den Schulmedizinern anerkannt werden. Und Sie brauchen gute Freunde oder eine Gruppe Gleichgesinnter, die Ihnen neue Anregungen liefern werden. Dann fühlen Sie sich wohl!

Aszendent

Jungfrau ist Herrscher von Haus sechs

In diesem Haus geht es um unseren Existenzkampf, die Alltags- und Arbeitsprobleme, um unsere Leistungsbereitschaft, unser soziales Engagement, um den Willen und die Bereitschaft zu dienen und um alle psychosomatischen Prozesse. Sind Planeten in diesem Haus, dann erleben wir diese Bereiche besonders deutlich!

Hier zeigt sich Ihre Leistungsbereitschaft.

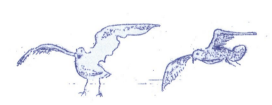

Aszendent Waage

Aszendent-Waage-Kinder sind ausgesprochen hübsch – vor allem wenn sie durch Kaiserschnitt auf die Welt kamen. Schon an der Mutterbrust lernte das Aszendent-Waage-Baby sehr schnell, dass sein Lächeln die Erwachsenen verzaubert. So zeigt der Waage-Aszendent immer wieder diese Schokoladenseite, denn das ist sein andauernder »Flirt mit dem Leben«. Keine Angst, der Waage-Aszendent ist deshalb noch lange kein Heuchler oder Falschspieler: Er lächelt meistens, denn seine wohlwollende und friedliche Veranlagung, auf die Mitmenschen zuzugehen, veranlasst ihn dazu.

Sie sind äußerst charmant.

Natürlich verstärkt sich das Schönheits- und Ästhetikempfinden enorm durch diesen *Venus*-Aszendenten. Ihre große Waffe im Kampf des Lebens ist eindeutig Ihr Charme, den Sie jedoch niemals aufdringlich einsetzen werden. Als Luftzeichen können Sie sich nämlich spielerisch leicht all den verschiedenen Situationen anpassen. Aus dem Rahmen fallen Sie ohnehin nicht gerne. Der Waage-Aszendent weist meist wohlproportionierte Rundungen auf; manche davon sind sogar ausgesprochen graziös und feingliedrig wie Balletttänzer. Doch Ihr guter Geschmack in Bezug auf Kleidung, Farben und Formen ist auf jeden Fall stets positiv ausgeprägt.

Sie haben leider kein Fünkchen kämpferisches Feuer in sich (Ausnahme: Ihr *Mars* im Widder und Spannungsaspekte zwischen *Mars* und *Uranus* oder *Mars* und *Pluto*) und deshalb lehnen Sie Aggressionen und Konflikte ab. Sie möchten Ihre Ziele durch Diplomatie und Entgegenkommen erreichen. Die rohe Ellbogenmentalität eines Widders stößt Sie förmlich ab.

Ihre Kompromissbereitschaft ist enorm groß, doch Ihre Entscheidungsschwäche beschert Ihnen immer wieder eine Art

»Handlungsunfähigkeit«. Auch David Bowie, Alain Delon, John F. Kennedy und Caterina Valente besitzen oder besaßen einen Waage-Aszendenten.

Sie sind stets bemüht, mit allen Menschen in Frieden zu leben. Eine aggressive oder disharmonische Umgebung kann Ihr ganzes Wesen aus dem Gleichgewicht bringen. Sie empfinden dann ein fast zwanghaftes Bedürfnis, auszugleichen, zu vermitteln oder andernfalls zu gehen, doch auch hier spüren Sie: »Wer die Wahl hat, hat die Qual!«

Durch Ihre Kontaktfähigkeit und Ihre Liebe zur Geselligkeit finden Sie immer wieder neue Verbindungen und stellen vielseitige Kontakte her. Ihre geistvolle Lebenseinstellung und Ihr Charme wecken bei anderen viel Sympathie und Zuneigung. Deshalb werden Sie selten wirklich alleine sein.

Eine harmonische Umgebung bringt Sie wieder ins Gleichgewicht.

Das Gegenzeichen *Widder* fordert Sie quasi heraus, sich in Ihren Beziehungen mit anderen zu messen. Daher sollten Sie lernen, Ihre Standpunkte auch mal offensiv zu vertreten.

»Lerne, dich zu entscheiden!« ist eine ganz wichtige Lebensaufgabe des Waage-Aszendenten. Dazu muss man die hohen Ideale von ewigem Frieden, von andauernder Gerechtigkeit kurzzeitig zurückstellen, jede Unehrlichkeit vermeiden und sich in dieser unperfekten Welt ganz engagiert einsetzen. Frommes Wunschdenken hilft hier genauso wenig wie konfliktscheue Vermeidungsstrategie. Mit Beschönigungen kann man über all das Unangenehme in der Welt nicht hinwegsehen. Mehr Mut zum eigenen Ich und zum Selbstausdruck ist Lernschritt des Waage-Aszendenten.

Das sechste Haus (Gesundheit) steht bei Ihnen im Zeichen *Fische*. Das macht Sie empfänglich für sehr feinstoffliche Heilmethoden, wie zum Beispiel Aura Soma, Bach-Blüten, Homöopathie und Spagyrik. Durch Allopathie werden Sie dagegen oft kränker. Zum Wohlfühlen brauchen Sie auch ein wenig

Meditation, Religion oder die Beschäftigung mit den spirituellen Geisteswissenschaften, dann geht's Ihnen prima!

Versuchen Sie es einmal mit Meditation und spirituellen Heilweisen.

Waage ist Herrscherin von Haus sieben

Hier geht es um unser Streben nach Ergänzung, um die Öffnung zum »Du«. Beziehungen und Ehe sind im siebten Haus symbolisiert, aber auch unser Kontaktverhalten, unsere Bindungen, geschäftliche Partnerschaften und Verträge. Sind Planeten in diesem Haus, erleben wir diese Bereiche besonders deutlich!

Aszendent Skorpion

Der Skorpion-Aszendent weiß schon von klein auf, dass unsere Welt kein sicherer Ort ist. Instinktiv begreift er, dass er dieses geschenkte Leben ganz schnell wieder verlieren kann. Schon die Geburt war für einen Skorpion-Aszendenten oder dessen Mutter ein Kampf um Leben und Tod, denn bei ihm heißt es oft: »Ein Unglück kommt selten allein.«

Sie haben das Bedürfnis nach intensiven Erlebnissen.

Er unterscheidet im späteren Leben gern zwischen »Schwarz und Weiß«, »Freund und Feind«. Schon früh entwickelt er deshalb ein Bedürfnis nach ganz intensiven Erlebnissen. Er wird es nicht zeigen, doch er ist extrem eifersüchtig. Vergessen sollte er jedoch nie: »Eifersucht ist eine Leidenschaft, die mit Eifer sucht, was Leiden schafft!«

Tief innen sind Sie davon überzeugt, dass Sie sich nur durch Kontrolle und Macht im Lebenskampf behaupten können.

Der Nachteil dabei ist, dass Sie vor lauter Kontrollzwang, Misstrauen oder Machtbedürfnis blind werden können für die doch sehr erfreulichen Seiten des menschlichen Daseins. Der Skorpion-Aszendent wirkt im Auftreten irgendwie unnahbar. Diesen Schachzug setzen Sie bewusst ein, damit andere Ihnen nicht gleich in die Karten schauen. So wirken Sie mitunter harmlos, auf andere jedoch unwiderstehlich oder gar faszinierend, doch andere wiederum schreckt das förmlich ab.

Rein äußerlich besitzt der Skorpion-Aszendent recht markante Gesichtszüge und meist einen durchdringenden Blick. Er geht nicht offensiv auf andere zu, denn auf diese Weise kann er sie besser kontrollieren. Im günstigsten Moment fährt er dann seinen Stachel aus, doch er sollte daran denken: »Wer anderen eine Grube gräbt, fällt manchmal selbst hinein!«

Sein Herrscher ist *Pluto,* Herr über unser Unterbewusstsein.

Anhang

Pluto ist das Bild des höheren Selbst, der geistige Wille oder die Kern- und Motivationskraft, die wandelnd und transformierend wirkt. Er demaskiert alles, zerstört alte Konzepte, Über-Ich-Formen und bewirkt Metamorphose. Er steht für »Stirb und werde«, »Tod und Auferstehung«!

Als Skorpion-Aszendent sind Sie engagiert und gleichzeitig kompromisslos. Ausdauer und Entschlossenheit gehören zu Ihren Stärken. Kaum jemand bemerkt Ihre innere Verletzlichkeit und Ihre Überlebens- oder Verlustängste. Viel eher hat sich herumgesprochen, dass Sie ein gefürchteter Gegner sind. Der Ruf des Skorpion-Aszendenten ist denkbar schlecht. Sie besitzen das Gedächtnis eines Elefanten, wenn es um frühere emotionale Verletzungen geht. Eines Tages werden Sie sich dafür rächen, denn Sie können lange auf den günstigsten Moment warten, denn: »Wer zuletzt lacht, lacht am besten.« Im persönlichen Kontakt wirken Sie verschlossen, zurückhaltend oder beobachtend, bis Sie die Situation überblicken.

Meisterhaft beherrschen Sie all Ihre Reaktionen und keiner sieht Ihnen an, welche Ziele Sie in Wahrheit verfolgen. Da Sie das meisterhaft beherrschen, vermuten Sie das auch bei anderen oder spüren verborgene Motivationen sofort heraus. Nur wenn Sie sich stark und sicher fühlen, öffnen Sie sich. Jetzt ist von Ihrer ursprünglichen Zurückhaltung nicht mehr viel übrig. Sie werden dann extrem offen, nehmen kein Blatt mehr vor den Mund oder legen verbal Ihren »Finger« auf die Wunden Ihrer Mitmenschen. Diese Direktheit kann andere sehr verletzen. Allerdings stehen Sie mit der gleichen Konsequenz auch Ihren Freunden bei. Menschen, die Sie einmal akzeptiert haben, werden von Ihnen viel Fairness, Loyalität und Treue zu spüren bekommen.

Die Nachteile eines Skorpions sind Eifersuchts- oder Hassgefühle, denn die größte Angst überfällt Sie, wenn Sie einen

Ausdauer und Entschlossenheit gehören zu Ihren Stärken, Eifersuchts- und Hassgefühle zu Ihren Schwächen.

geliebten Menschen loslassen müssen. *Pluto* ist Ihr Herrscher und er will psychische Metamorphosen bewirken. »Lerne, Abschied zu nehmen«, gehört zu Ihrem Lernschritt. Deuten Sie nicht auf die Wunden anderer Menschen, sondern vollziehen Sie eigene Umwandlungen. Das ist der eigentliche Sinn dieser skorpionischen Aufgabe.

Ihr Gegenzeichen *Stier* könnte Ihnen beibringen, etwas mehr Genussfähigkeit und Vertrauen zu entwickeln. Dann können Sie anderen durch Ihre Unerschrockenheit ein Vorbild sein, denn Sie besitzen einen sicheren Instinkt und hintergründige Erkenntnisse, die Sie in den Dienst des Lebens stellen können. Das Loslassen von Misstrauen, von Macht- und Kontrollzwängen, von Rachegefühlen und dafür mehr Hinwendung zu den sinnlichen Genüssen des Lebens wäre der Lernschritt Ihres Skorpion-Aszendenten. Wenn Ihre Initiative von anderen gestoppt wird, dann reagieren Sie intensiv. Bei Ihnen befindet sich nämlich das Zeichen *Widder* im sechsten Haus (Gesundheit). Unterdrückte Energien, Stress und Ärger führen deshalb leicht zu Aggressionen, die wiederum Verletzungen, Entzündungen oder Infektionen auslösen können – meist kurz und heftig. Sport ist daher eine gute Gesundheitsvorsorge für Sie, sollten Sie sich dabei auch kräftig verausgaben. Sehr gut wirken bei Ihnen klassische Akupunktur und diverse Spritzen (ein bisschen wehtun darf's schon) – und ganz schnell fühlen Sie sich wieder wohl in Ihrer Haut!

Wenden Sie sich mehr den genüsslichen Seiten des Lebens zu.

Skorpion ist Herrscher von Haus acht

Dieses Haus steht für unsere Gesellschaftsstruktur, für Gesetz und Ordnung, zeigt unser Status- und Machtstreben auf, fordert Anpassung und Pflichten, symbolisiert fremde Mittel und vor allem den Stirb-und-werde-Prozess, dem wir immer wieder unterworfen sind. Befinden sich Planeten in diesem Haus, dann erleben wir diese Bereiche besonders deutlich!

Aszendent Schütze

Abraham Lincoln, Bertolt Brecht, Gérard Depardieu, Friedrich Dürrenmatt, Nelson Mandela, Diego Maradona, Bob Marley, Elizabeth Taylor und Mutter Teresa haben oder hatten einen Schütze-Aszendenten. Eines ist beziehungsweise war ihnen allen gemeinsam: Der Schütze-Aszendent begegnet der Welt voller Optimismus und Zuversicht.

Sie strahlen Optimismus und Zuversicht aus.

Der freudige Erwartungsdruck der Eltern war schon vor der Geburt vorhanden, denn nichts wurde sehnlicher erwartet als dieses neue Kind, in das man recht große Hoffnungen setzte. Kein Wunder, dass das Schütze-Aszendent-Baby den ersten und prägenden Eindruck gewinnt, auf dieser Welt willkommen zu sein. Das stärkt seine Selbstsicherheit, für einen höheren Auftrag vorgesehen und mit Gottvertrauen ausgerüstet worden zu sein, denn: »Aller guten Dinge sind drei.« Wer von klein auf so stark an Gutes, an Höheres oder an die Wahrheit glaubt, strahlt diese innere Überzeugung auch aus. Die Therapie des »positiven Denkens« beruht ja auch auf diesem Grundprinzip!

Der Herrscher des Schütze-Aszendenten ist *Jupiter*. Er schenkt Ihnen eine Portion Begeisterung und macht Sie zu einem wahren Idealisten, doch er könnte auch den Leitsatz stimulieren: »Wer angibt, hat mehr vom Leben!«

Ungerechtigkeiten spüren Sie sofort und Sie können dann recht jähzornig werden. Doch die Wut ist nicht einem gekränkten Ego entsprungen, sondern sie entzündet sich bei Übertretungen gesellschaftlicher, moralischer oder rechtlicher Grenzen. Ihr Auftreten als Schütze-Aszendent ist selbstsicher und großzügig, denn Jupiter macht sie von Natur aus jovial. Er symbolisiert unser Wertbewusstsein, unser Urteilsvermögen,

Aszendent

er schenkt uns den Sinn für die richtigen Proportionen und für Gerechtigkeit. Im günstigsten Fall schenkt er sogar Weisheit!
Sie sind davon überzeugt, Recht zu haben oder Gutes zu tun. Und Sie wissen auch: »Jeder ist seines Glückes Schmied!« Gerne zeigen Sie Ihren Vorbildcharakter auch anderen. Da der Schütze seine Größe kennt, neigen einige leider auch zu XXL-Übertreibungen (pathetische Sprücheklopfer, Versprechungen, die nicht eingehalten werden) oder zu fast peinlich theatralischen Auftritten. Rein äußerlich haben viele Schütze-Aszendenten deshalb große Hände oder Füße oder auch ein bisschen Körperfülle (je nach genetischer Veranlagung). Ihr Blick ist offen und dieser richtet sich auf die großen Dinge des Lebens. Leicht übersehen Sie deshalb so manches Detail oder das Unmittelbarste direkt neben Ihnen.

Sie beschäftigen sich gern mit den großen Dingen des Lebens.

Ihre Ausstrahlung wird durch Ihre optimistische Grundhaltung und eine vertrauensvolle Lebenseinstellung positiv abgerundet, denn: »Wer das Leben nicht genießen kann, wird bald selbst ungenießbar.« Die Mitmenschen bringen Ihnen deshalb viel Sympathie entgegen.

Auch wenn es kaum erkannt wird: Ihr Selbstwertgefühl ist meist empfindsam und daher suchen Sie in Ihrer Umgebung nach Anerkennung, Bestätigung oder Beachtung. Doch Sie besitzen auch einen starken Freiheitsdrang und der treibt Sie manchmal zu recht impulsiven Handlungen an, wenn Sie sich davon mehr Unabhängigkeit und Selbstständigkeit versprechen.

Es wird für Sie sehr wichtig sein, dass Sie im Beruf einen großen persönlichen Spielraum haben, denn Sie würden es nur schlecht ertragen, sich »eingesperrt« oder »gegängelt« zu fühlen. Meist besitzt der Schütze-Aszendent ein gutes Gedächtnis, doch irgendetwas hat er ständig verlegt oder er sucht oft nach kleinen Dingen.

Ihr polares Zeichen *Zwillinge* könnte Ihnen das Wissen verleihen, dass das große Ganze stets aus verschiedenen Einzelteilen zusammengesetzt ist. »Lerne, dich zu stellen, auch dort, wo es manchmal unangenehm wird.« Als Schütze-Aszendent sollten Sie versuchen, objektive Gegebenheiten zu akzeptieren, aber auch die Meinungen und Wahrheiten anderer zu tolerieren, denn: »Arroganz ist das Selbstbewusstsein des Minderwertigkeitskomplexes.«

Massagen und Reiki fördern Ihr Wohlbefinden.

Bei Ihnen befindet sich das Zeichen *Stier* in Haus sechs (Gesundheit). Sie sprechen besonders gut auf alle körperzentrierten Therapien an. Diverse Massagen und Reiki fördern Ihr Wohlgefühl, schöne Düfte, aber auch ein gutes Essen mit Freunden (natürlich auch zu zweit) tragen schnell zum Genesungsprozess bei. Wollten Sie eine Diät machen? Vergessen Sie das, es klappt nicht. Sich wohl fühlen ist wichtiger!

Schütze ist Herrscher von Haus neun

In diesem Haus symbolisiert sich unser selbstständiges Denken, das eigene Weltbild, unsere Gesinnung, die Wahrheitsliebe, unsere Zivilcourage. Hier wollen wir unser Wissen erweitern (auch durch Reisen in ferne Länder). Sind Planeten in diesem Haus, dann erleben wir diese Bereiche besonders deutlich!

Aszendent Steinbock

Einen Steinbock-Aszendenten besitzen zum Beispiel Sean Connery, Königin Elizabeth II., die Schauspielerin Jane Fonda und der schon verstorbene Erich Honecker. Vielleicht haben sich Ihre Eltern ein Kind anderen Geschlechts gewünscht? Oder Ihre Geburt fand zu einer ungünstigen Zeit statt, in der weder Freude noch die nötige Sicherheit vorhanden war? Wie dem auch sei: Das Kind mit dem Steinbock-Aszendenten kam auf die Welt (»Aller Anfang ist schwer«) und hatte sofort das Gefühl, nicht zu genügen. »Erst die Arbeit, dann das Spiel« ist deshalb bald seine Devise geworden. So wird ein Steinbock-Aszendent-Kind recht schnell erwachsen, damit es sich in der Welt durch seine großen Leistungen beweisen kann und auf diesem Weg endlich die ersehnte Anerkennung erhält.

Sie sind ein Einzelkämpfer, der großes Durchhaltevermögen beweist.

Von klein auf ist der Steinbock-Aszendent zum Einzelkämpfer geboren, und wo ein anderer aufgeben würde, beißt ein Steinbock jetzt erst recht seine Zähne zusammen und folgt unbeirrt und mit großer Ausdauer seinem Ziel, denn er weiß: »Steter Tropfen höhlt den Stein!«

Kritik macht ihn nur noch disziplinierter. Ständig muss er sich und anderen beweisen, dass er doch etwas wert ist. Deshalb nimmt er keine Abkürzung, sondern entscheidet sich für den noch steinigeren Weg. Das zeigt sich auch äußerlich in meist hageren Gesichtszügen und einer schlanken Figur. Alles strahlt nüchterne Klarheit aus, jeder Schnörkel wird vermieden (außer Sie besitzen eine sehr sinnliche Venus im Geburtshoroskop).

Sein Geburtsherrscher ist *Saturn* und der will Klarheit und Kargheit. Diese Energie entspricht unserer Körperlichkeit, unserem Bedürfnis nach Ordnung und Abgrenzung, nach Sicherheit, Ruhe und Aufrechterhaltung des alten Zustands!

Steinbock-Aszendenten fordern sehr viel von sich und gönnen sich meist zu wenig. Die Begegnung mit anderen Menschen findet unter unsichtbaren Schutzmauern statt, dessen Steine aus Disziplin und Pflichtbewusstsein gebaut wurden, denn: »Kommt Zeit, kommt Rat.«

Sprühende Lebendigkeit und fröhliche Ausgelassenheit kennt der Steinbock-Aszendent nicht, doch »Ehrlich währt am längsten« zählt zu seinen Charakterstärken. Gottlob finden sich im Geburtshoroskop meist noch Planeten und Aspekte, die die leichteren Seiten des Lebens stimulieren. Allerdings vermehrt der Steinbock-Aszendent den Ehrgeiz, das Karrierestreben und das Pflichtgefühl. Die Welt des Steinbocks ist eher ernst und voller Verantwortung. Man wird erst beim zweiten Anlauf mit ihm warm und dann erkennt man seine Aufrichtigkeit, denn er weiß zutiefst: »Lügen haben kurze Beine!«

Sie sind ein ernsthafter und verantwortungsbewusster Mensch.

Sie sind durch den Steinbock-Aszendenten eher zurückhaltend und distanziert, wenn Sie jemand nicht kennen. Vielleicht denken Sie auch: »Wenn du beliebt sein willst, dann komm lieber selten«? Ihre Selbstkritik ist meist zu stark entwickelt. Oft beurteilen Sie auch Ihre Mitmenschen nach ähnlich strengen Kriterien. Ihr Bedürfnis nach Perfektion und Superleistungen ist verantwortlich für Phasen der Mutlosigkeit. Allerdings besitzen Sie eine zähe Konstitution und sind deshalb in der Lage, lang andauernde Belastungen zu überstehen. Ihr Verhalten ist eher von Ernst und Vorsicht geprägt. Bis Sie andere näher an sich heranlassen, brauchen Sie erst ein Gefühl von Vertrautheit oder Überlegenheit.

Bisweilen werden Sie von Schuld- oder Einsamkeitsgefühlen geplagt. In den depressiven Phasen Ihres Lebens neigen Sie zu unerklärlichen Rückzugs- und Verdrängungsreaktionen.

Beruflich erwerben Sie sich durch Leistung und Fachwissen die Achtung und Anerkennung Ihrer Mitmenschen. Sie könnten die Karriere eines Spezialisten erreichen, falls nicht Ihr *Uranus* etwas dagegen hat.

Vom Gegenzeichen *Krebs* kann der Steinbock-Aszendent lernen, dass sich echte Verantwortlichkeit nicht nur auf äußere Pflichten und die Lösung verschiedenster Aufgaben bezieht, sondern dass ein Mensch auch gegenüber seinen eigenen Bedürfnissen Verantwortung tragen muss. Dies betrifft sowohl den eigenen Körper wie die eigene Seele. Nur so können Sie im Laufe Ihres Lebens – ähnlich einem guten Wein – zu einem charaktervollen, starken und zugleich gefühlvollen und erlebnisfähigen Menschen heranreifen: »Lerne, auch andere zu verstehen, und verwende keine Verallgemeinerungen.«

Das ist Ihre Lernaufgabe. Da sich bei Ihnen das Zeichen *Zwillinge* im sechsten Haus (Gesundheit) befindet, sollten Sie viele Dinge gleichzeitig nutzen, um gesund zu bleiben oder zu werden. Nur ein Mittelchen wird nicht helfen, denn der Körper braucht verschiedene Anregungen und ist neugierig darauf. Auch wenn Sie es als Steinbock-Aszendent nicht glauben wollen: Sie brauchen viel frische Luft und regelmäßige Atemübungen, dann fühlen Sie sich wohl in Ihrer Haut!

Steinbock ist Herrscher von Haus zehn

Dieses Haus symbolisiert Beruf und Berufung, unsere Autorität oder Anmaßung, unsere Karriere, unseren sozialen Status in der Gesellschaft, unsere wichtigen Lebensziele, unsere Führungsaufgaben oder unser Machtstreben. Sind Planeten in diesem Haus, dann erleben wir diese Bereiche besonders intensiv!

Geben Sie sich der Vielfalt hin.

Aszendent Wassermann

Der Aszendent Wassermann zeigt sich auch bei Giacomo Casanova, Carl Gustav Jung, bei Karl Marx oder Maximilien de Robespierre. Ein Wassermann-Aszendent sucht sich schon bei seiner Geburt recht unmögliche Situationen aus. Kleine Pannen (Geburt im Taxi, im Zug, im Flugzeug) und auch größeres Pech (Geburtsprobleme, weil er ein Frühchen oder zu spät dran ist, quer liegt oder mit den Füßen voran in die Welt will) sind da meistens an der Tagesordnung. Warum? Das Normale liebt er einfach nicht, vermutlich weil er Angst hat, *nur* ein gewöhnlicher Mensch zu sein: »Lieber schrullig als 08/15«, das ist eine seiner Devisen!

Sie suchen Neuland in allen Dingen.

Der Geburtsherrscher ist *Uranus,* jene schöpferische Intelligenz, die Neuland in allen Dingen sucht. Uranus stimuliert den Forscher- und Erfindergeist und sichert sich durch technische oder geistige Systeme ab.

Dieser Start ins Leben setzt sich beim Wassermann-Aszendenten auch später auf seiner Lebensreise fort. Immerzu hagelt es Überraschungen in seinem Leben. Er wechselt die Stellungen wie andere die Hemden, er zieht so oft um, dass er mit dem Zählen schon aufgehört hat. Von heute auf morgen lässt er alles hinter sich, was er vorher aufgebaut hat. Neuanfänge kennt er zur Genüge in seinem Leben, doch er weint auch den finanziellen Verlusten keine Tränen nach. Gerade deshalb fällt es dem Wassermann-Aszendenten schwer, allzu verbindliche Beziehungen zu anderen Menschen einzugehen. Viel eher sucht er Freiheit und eine gewisse Unverbindlichkeit (Freunde), doch vor allem einen regen geistigen Austausch. So kann man ihn als ungeheuer flexibel und offen bezeichnen und auch als liebenswerten Humanisten. Sein kumpelhaftes Auf-

treten ist sein Markenzeichen, denn er begegnet jedem Menschen auf die gleiche menschliche Weise – egal ob ein echter König oder ein armer Bettler seinen Weg kreuzt.
Sein Blick ist wach, denn er ist fasziniert von den schillernden Möglichkeiten des Lebens. Er besitzt schon früh eine Art »Vision einer idealen Gesellschaft« und hat tausend Ideen, wie man diese verwirklichen kann.
Irgendwie ähnelt er einem stets zerstreuten Professor. Genie und Wahnsinn liegen bei ihm dicht beieinander und er tänzelt fasziniert auf diesem dünnen Seil. »Wer sich nicht ändert, gleicht einem abgetragenen Rock«, ist seine Devise!
Das meiste Leben findet natürlich im Kopf statt und so vergisst er oft seinen Körper. Seine Ausstrahlung ist nur selten sehr herzlich oder gar erotisch, dafür jedoch äußerst interessant oder sogar exzentrisch.
Durch den Wassermann-Aszendenten haben Sie ein starkes Bedürfnis nach echter Freundschaft und nach sozialer Gerechtigkeit auf dieser Welt. Nicht selten interessieren Sie sich für soziale, gesellschaftspolitische Belange, für technische oder geistige Verbesserungen, für Gentechnologie, Ökologie, Geisteswissenschaften oder ähnliche Spezialthemen.
Sie sind originell und freiheitsliebend, doch es fällt Ihnen sehr schwer, sich unterzuordnen. Als Wassermann-Aszendent sind Sie ein »Kind der Zeit« und oft sogar noch Ihrer Zeit voraus. Sie sind das lebendige Beispiel eines »Freigeistes«. Ihr Interesse gilt Neuem, sinnvollen Reformen oder dem Unkonventionellen. Ihre große geistige Aktivität prägt Ihr Verhalten und Ihre Lebenseinstellung. Es fällt Ihnen leicht, Kontakte zu schließen, und Sie brauchen einen größeren Bekanntenkreis, damit Sie genügend neue Anregungen bekommen. Trotz Ihrer Beliebtheit bei Freunden sind Sie sorgsam bestrebt, Ihre Unabhängigkeit und Individualität zu wahren. Ein echter Wassermann-

Echte Freundschaft und soziale Gerechtigkeit sind Ihre Themen.

Aszendent widerlegt ganz real die folgende Weisheit: »Wir wurden alle als Originale geboren, doch die meisten von uns sterben als Kopien.« Das kann Ihnen nicht passieren!
Sind Sie dazu in einem »erdigen« Tierkreiszeichen geboren (Stier, Jungfrau oder Steinbock), dann besitzen Sie auch den nötigen Realismus und Fleiß, um Ihre Visionen umzusetzen.
Ihr polares Zeichen *Löwe* könnte Sie als Wassermann-Aszendenten daran erinnern, dass Ideen nicht nur im Kopf vorhanden sein sollten, denn der wird bei so viel Andrang von Ideen dann zwangsläufig blutleer. Bezwingen Sie auch Ihre innere Unruhe und jede Impulsivität. Erst wenn Sie an einer Sache dranbleiben und Ihr *Herz* zum Mittelpunkt Ihrer Visionen machen, werden Sie zum Vorreiter einer besseren und menschlicheren Gesellschaft werden, zum Erbauer des Wassermann-Zeitalters – das ist eine Ihrer Lebensaufgaben.

Gefühlsbetontes Handeln könnte von Vorteil sein.

Bei Ihnen befindet sich das Zeichen *Krebs* im sechsten Haus (Gesundheit). Sie müssen sich deshalb in der Arbeit wohl fühlen und sollten genau beobachten, wann es Ihnen besonders gut geht und wann Sie körperlich reagieren. Achten Sie auch darauf, dass Sie sich in Ihrer Wohnung recht behaglich fühlen. Hören Sie auf Ihre »innere Stimme« und auf Ihre Träume. Falls Sie einmal krank werden, sprechen Sie gut auf alle feinstofflichen Therapien an (Aura Soma, Bach-Blüten, Homöopathie, Spagyrik) und auch positiv auf einfühlsame Therapeuten.

Wassermann ist Herrscher von Haus elf
Hier geht es um unsere Freunde, um unser Bild des höheren Menschen, um Zukunftsideale, um unsere Ethik, das Zusammengehörigkeitsgefühl mit Gleichgesinnten, das Vereinigungsstreben und um Reformen. Hier erfahren wir, was wahre Humanität bedeutet. Sind Planeten in diesem Haus, dann erleben wir diese Bereiche besonders deutlich!

Aszendent Fische

Rainer Werner Fassbinder und Alfred Hitchcock, aber auch Hermann Graf Keyserling und Mirelle Mathieu sind Beispiele für Menschen mit einem Fische-Aszendenten.
Der Fische-Aszendent ist nicht so ganz von dieser Welt, denn: »Stille Wasser sind immer tief.« Schon bei seiner Geburt war er unschlüssig, ob er wirklich diese wässrige Wärme und Geborgenheit des Mutterschosses verlassen sollte. Man musste sicherlich aus ärztlicher Sicht ein bisschen nachhelfen, denn Vorwärtsdrängen ist nun mal nicht seine Devise.

Sie können sich wie ein Chamäleon an Ihre Umgebung anpassen.

Ihr Lebensimpuls ist durch den Aszendenten nicht eindeutig. Sie stehen nicht so gerne im Mittelpunkt der Aufmerksamkeit anderer, außer Ihr Fische-Aszendent wird durch ein feurige Sonne (Widder, Löwe, Schütze) doch noch ichbezogener. Viel eher fühlen Sie sich wohl, wenn Sie sich wieder zurückziehen oder sich Ihren Tagträumen widmen können.
Rein äußerlich ist ein Fische-Aszendent nur sehr schwer auszumachen, denn sein Herrscher *Neptun* kann sich erstaunlich wandeln und sich wie ein Chamäleon an seine Umgebung, eine Situation oder Erfordernisse anpassen. Manche besitzen große »Fisch-Augen«, doch viele erscheinen auch in allen möglichen körperlichen Tarnkappen. Sie nehmen die Schwingung ihrer Umwelt stark auf und verschmelzen symbiotisch mit dieser. Neptun stimuliert die universelle Menschenliebe, das höchste Liebesideal, unsere Identifikation mit bestimmten Dingen, unseren Idealismus, unser soziales Engagement mithilfe unseres Willens zum Helfen. Am ehesten erkennt man den Fische-Aszendenten durch seine großen, meist verträumten Augen. Häufig sind die Gesichtszüge nicht so markant, eher ein bisschen wässrig oder verschwommen – ähnlich

wie manchmal auch seine Körperformen. Die Palette seiner Ausstrahlung kann von Hilflosigkeit über grazile Anmut bis hin zur selbstlosen Aufopferung reichen. Ein Fische-Aszendent ist besonders durchlässig für Beeinflussung von außen. Der Nachteil dabei ist, dass er zwangsläufig nur wenig Widerstandskraft besitzt – vor allem gegen negative Einflüsse. Wird er längerfristig überfordert, entsteht leicht ein chronisches Sucht- oder Fluchtverhalten. Im schlimmsten Fall kann er von den Außeneindrücken dieser Welt förmlich weggeschwemmt werden. Dann verliert er sich im Ganzen, weil er nicht konkret zu sich selbst steht. Man kann den Fische-Aszendenten als schweigsamen Menschen bezeichnen. Sein Bedürfnis, mit anderen zu verschmelzen, bringt automatisch Probleme bei konkreten Handlungen oder bei verbindlichen Entscheidungen. Wird es schwierig oder zu eng für ihn, dann ist er plötzlich wie vom Erdboden verschwunden.

Sie haben eine fast sensitive Veranlagung.

Als Fische-Aszendent hat Ihre Erscheinung etwas Transparentes. Ihre Augen drücken Durchlässigkeit aus. Ihr Gefühl zwingt Sie oft dazu, sich abzugrenzen, um nicht von den vielen Fluktuationen der Umwelt völlig eingenommen zu werden. Am ehesten können Sie sich öffnen, wenn jemand leidet oder Ihre Hilfe benötigt. Dann wird Ihnen Ihre Anteilnahme und Ihr Mitgefühl viel Sympathie und Zuneigung von anderen einbringen. Allerdings könnten Ihre Gutmütigkeit und Ihre nicht immer konsequente Haltung Ihnen Schwierigkeiten verursachen, weil Sie Mühe haben, sich eindeutig zu etwas zu bekennen oder sich klar abzugrenzen. Sie machen sich zwar immer wieder Hoffnungen, doch Sie wissen auch: »Wer um eine Hoffnung ärmer ist, ist auch um eine Erfahrung reicher!«

Es ist deshalb wichtig für Sie, dass Sie mehr Selbstkontrolle üben und eine gewisse Disziplin entwickeln, um das, was nicht zu Ihnen passt oder Ihnen schadet, abzuwehren. Dann können

Sie auch Ihre Unsicherheiten überwinden, die meist aus einer allzu großen Anteilnahme am aktuellen Geschehen resultiert. Im Gegenzug kann ein Fische-Aszendent eine zu starke Sonne (Ichbezogenheit) im Geburtshoroskop sanft abmildern. Ihr Fische-Aszendent schenkt Ihnen eine fast sensitive Veranlagung, Dinge vorauszuahnen und verborgene Motive bei anderen zu erkennen, bevor diese je ausgesprochen werden. Möglicherweise ist Ihre »innere Stimme« oder Ihr Traumleben recht aktiv und schickt Ihnen wichtige Botschaften.

Ihr Gegenzeichen *Jungfrau* könnte Sie dazu ermuntern, das rechte Maß zu entwickeln, Ihren Blick für die Realität und für das Wesentliche zu schärfen. Nicht immer ist »Reden Silber und Schweigen Gold«. Nehmen Sie konkret Stellung und hüten Sie sich vor Illusionen. Lernen Sie die zeitweise Einsamkeit zu schätzen, das sind wichtige Lernaufgaben für Sie.

Schärfen Sie Ihren Blick für die Realität.

Das Zeichen *Löwe* herrscht in Ihrem sechsten Haus (Gesundheit). Sie brauchen viel Sonne und Wärme und sollten Ihren Kreislauf sanft, aber regelmäßig trainieren. Hören Sie auf Ihr Herz, und falls Sie doch mal krank werden, suchen Sie sich eine Autorität als Therapeuten oder Therapien, die »Wunder« vollbracht haben, dann fühlen Sie sich bald wieder wohl!

Fische ist Herrscher von Haus zwölf

Hier ist unser Alleinsein symbolisiert, die Verinnerlichung oder die Isolation. Auch die Flucht ins Irrationale oder der Zugang zur Transzendenz ist hier angezeigt, aber auch Jenseitsphilosophien oder esoterische Lebensinhalte. Hier ist Helfergeist zu finden oder Hilflosigkeit. Sind Planeten in diesem Haus, dann spüren wir diese Bereiche besonders deutlich!

Fazit: Es empfiehlt sich, auch die Gesundheitstipps des jeweiligen Aszendenten auszuprobieren!

Kontaktadressen und Literaturempfehlungen

Aderlass: B. Aschner: »Lehrbuch der Konstitutionstherapie«, Hippokrates Verlag; Abele/Stiefvater: »Aschner-Fibel«, Haug Verlag.
Alchimistische Kosmetik: Lunasol, Soluna GmbH, Artur-Proeller-Straße 9, 86609 Donauwörth, Tel.: 09 06/70 60 60, Fax: 09 06/7 06 06 78, E-Mail: info@Soluna.de.
Akupressur: F. T. Lie: »Akupressur – Chinesische Punktmassage«, Falken Verlag; G. Stux: »Akupunktur, Akupressur und Moxibustion«, Birkhäuser Verlag; H. Tenk: »Punktmassage für Erste Hilfe und Energieausgleich«, Maudrich Verlag; Dr. Frank R. Bahr: »Akupressur, Erfolgreiche Selbstbehandlung bei Schmerzen und Beschwerden«, Mosaik Verlag. Adressen siehe »Akupunktur«.
Akupunktur: C.-H. Hempen: »Atlas für Akupunktur«, dtv Verlag; Dr. Wolf Ulrich: »Schmerzfrei durch Akupunktur und Akupressur«, Heyne Verlag; Carl-Hermann Hempen: »Die Medizin der Chinesen«, Goldmann Verlag; Ted J. Kaptchuk: »Das große Buch der chinesischen Medizin«, Heyne Verlag; Christine Steinbrecht-Baade: »Die Heilkraft der Traditionellen Chinesischen Medizin«, Heyne Verlag; Engelhardt/Hempen: »Chinesische Diätetik«, Urban & Schwarzenberg Verlag; N. Krack: »Die Pulslehre in der chinesischen Medizin«, Haug Verlag. Adressen: SMS Internat. Gesellsch. f. Chinesische Medizin, Franz-Joseph-Str. 38, 80801 München, Tel.: 0 89/33 56 74, Fax: 0 89/33 73 52, Internet: www.tcm.edu; Z.F.M. GmbH, Tagesklinik für Traditionelle Chinesische Medizin, Elisabethenstr. 62, 64283 Darmstadt, Tel.: 0 61 51/3 07 69 50, Fax: 0 61 51/3 07 69-5 26, Internet: www.zfm.de; Tagesklinik für Traditionelle Chinesische Medizin am Bodensee, Immenstaad, Tel.: 0 75 45/90 16 81; Ludwig Boltzmann Institut für Akupunktur, Kaiserin Elisabeth Spital, Huglgasse 1–3, A-1150 Wien, Tel.: 00 43/1/9 81 04-57, Fax: 00 41/1/9 81 04-57 59, Internet: www.akupunktur.at; Österr. Wissenschaftliche Ärzteges. für Akupunktur, Schwindstr. 3/9, A-1040 Wien, Tel.: 00 43/1/5 05 03 92, Fax: 00 43/1/5 04 15 02; SAGA Schweizerische Ärzteges. für Akupunktur und Chinesische Medizin, Postfach 20 03, CH-8021 Zürich, Fax: 00 41/1/8 10 22 16, E-Mail: sekretariat-@saga.tcm.ch, www. saga.tcm.ch.
Amulette/Talismane: Gibt es im esoterischen Fachhandel oder auch bei Magic Discount, Postfach 14 22, 83604 Holzkirchen, Fax: 0 89/3 56 63 62 61, E-Mail: Magicdiscount@gmx.de.

Anthroposophische Medizin: R. Steiner: »Geisteswissenschaft und Medizin«, Rudolf Steiner Verlag; R. Steiner, I. Wegmann: »Grundlegendes für eine Erweiterung der Heilkunst nach geisteswissenschaftlichen Erkenntnissen«, Rudolf Steiner Verlag. Gesellschaft anthroposophischer Ärzte e. V., Roggenstr. 82, 70794 Filderstadt, Tel.: 07 11/7 77 80 00; Verein für erweiterte Heilweisen (Anthroposophie) e. V., Johannes-Kepler-Str. 56–58, 75347 Bad Liebenzell, Tel.: 0 70 52/20 34, Fax: 0 70 52/41 07.

Aromatherapie: Handbuch »Aromatherapie«, Haug Verlag; J. Valnet: »Aromatherapie«, Heyne Verlag; Erich Keller: »Astro-Düfte«; Erich Keller: »Das Handbuch der ätherischen Öle«; Erich Keller: »Essenzen der Schönheit«; Erich Keller: »Erlebnis Aromatherapie«, alle im Goldmann Verlag; »Das große Lexikon der Heilsteine, Düfte und Kräuter«, Methusalem Verlag. Forum Essenzia (Aromatherapie), Meier-Helmbrecht-Str. 4, 81377 München, Tel.: 0 89/7 14 53 91, Fax: 0 89/71 03 99 29.

Arthrosetherapie: Pulsierende elektromagnetische Felder (Auskunft über den BIO-Leserservice, Tel.: 0 81 58/80 21, Fax: 0 81 58/71 42, Internet: www.magazin-bio.de; »dona 200-S« von der Firma Opfermann Arzneimittel GmbH, 51674 Wiehl; ARTHROSE-Gesellschaft für prophylaktische Orthopädie, Tel.: 0 89/93 93 39 37 und Tel.: 0 89/1 59 63 54, Fax: 089/1 59 65 65.

Astrologie: Klein/Dahlke: »Das senkrechte Weltbild«, Heyne Verlag; Stephen Arroyo: »Astrologie, Psychologie und die vier Elemente«; Stephen Arroyo: »Astrologie, Karma und Transformation«, beides im Hugendubel Verlag; Anna D. Garuda: »Der große Astrokalender 2001«, Goldmann Verlag, und viele weitere Fachbücher über Astrologie.

Astrologie der Indianer: Sun Bear und Wabun Wind: »Das Medizinrad – Übungen zur Heilung der Erde«, Goldmann Verlag.

Atemtherapie: Ilse Middendorf: »Der erfahrbare Atem«, Junfermann Verlag; Verena Schmid-Eschmann: »Richtig atmen – aber wie?«, Heyne Verlag. Ilse Middendorf-Institut für den Erfahrbaren Atem, Viktoria-Luise-Platz 9, 10777 Berlin, Tel.: 0 30/2 18 38 58; Institut für Atemtherapie, Atemunterricht und Sprechtechnik, Bruchstraße 13–15, 40235 Düsseldorf, Tel.: 02 11/67 41 26; Österreichische Gesellschaft für Autogenes Training und Allgemeine Psychotherapie, Schnelleingasse 8, A-1040 Wien, Tel.: 00 43/1/9 83 35 65; Institut für Körperzentrierte Psychotherapie und Ganzheitliche Atemschule, Kanzleistraße 17, CH-8004 Zürich, Tel.: 00 41/1/2 42 29 30, Fax: 00 41/1/2 42 72 52.

Augentraining nach Bates: K. Schutt/B. Rumpler: »Besser sehen durch Augentraining«, Falken Verlag; Marilyn B. Rosanes-Berrett: »Besser sehen durch Augentraining«, Heyne Verlag.

Aura Soma: Vicky Wall: »Aura Soma, das Wunder der Farbheilung«, H.-J. Maurer Verlag; Dora Van Gelder-Kunt/Shafica Karagulla: »Die Chakras und die feinstofflichen Körper des Menschen«, Aquamarin Verlag.
Autogenes Training: Dr. med. Herbert Mensen: »Das ABC des autogenen Trainings«, Goldmann Verlag; Eberhard Grünzinger: »Entspannung durch autogenes Training«, Heyne Verlag; B. Hoffmann: »Handbuch des autogenen Trainings«, dtv München; J. H. Schultz: »Das autogene Training« und »Übungsheft für das autogene Training«, beide im Thieme Verlag.
Ayurveda: Amadea Morningstar/Urmila Desai: »Die Ayurveda-Küche«, Heyne Verlag; Dr. Vinod Verma: »Ayurveda, der Weg des gesunden Lebens«, O. W. Barth Verlag, Scherz Verlag; Elisabeth Veit: »Mit Ayurveda zum Idealgewicht«, Heyne Verlag; Dr. Karin Pirc: »Ayurveda – Kursbuch für Mutter und Kind«, Heyne Verlag; Dr. Ulrich Bauhofer: »Aufbruch zur Stille«, Lübbe Verlag; Dr. Ernst Schrott: »Ayurveda für jeden Tag«, Mosaik Verlag; Dr. Ernst Schrott: »Die köstliche Küche des Ayurveda«, Heyne Verlag; M. Warelopoulos/B. Heyn/A. Dinhopl: »Gesund genießen mit Ayurveda«, Heyne Verlag. Eine Liste praktizierender Ärzte und Heilpraktiker sowie ayurvedischer Gesundheitszentren erhalten Sie bei der Deutschen Gesellschaft für Ayurveda e. V., Wildbadstraße 201, 56841 Traben-Trarbach, Tel.: 0 65 41/58 17, Fax: 0 65 41/81 19 82, E-Mail: ayur-veda@net-avt.de, Internet: www.ayurveda-gesellschaft.de; Österreichische Gesellschaft für Ayurvedische Medizin, Biberstraße 22/2, A-1010 Wien, Tel.: 00 43/1/5 13 43 52, Fax: 00 43/1/5 13 96 60.
Bach-Blüten-Therapie: Mechthild Scheffer: »Die Original Bach-Blüten-Therapie«, Hugendubel Verlag; Mechthild Scheffer: »Selbsthilfe durch Bach-Blüten-Therapie«, Heyne Verlag; Mechthild Scheffer: »Lehrbuch der Original Bach-Blütentherapie für die Arzt- und Naturheilpraxis«, Urban & Fischer Verlag; Mechthild Scheffer/Wolf-Dieter Storl: »Neue Einsichten in die Bach-Blütentherapie« und »Das Heilgeheimnis der Bach-Blüten«, beide im Heyne Verlag; Stefan Ball: »Bach-Blüten – Das umfassende Praxisbuch«, Heyne Verlag; Dr. Edward Bach: »Gesammelte Werke«, Aquamarin Verlag; Dr. med. Götz Blome: »Das neue Bach-Blüten-Buch«, Bauer Verlag. Dr. Edward Bach Centre, Himmelstraße 9, 22299 Hamburg, Tel.: 0 40/4 31 87 80, Fax: 0 40/4 32 26 35.
Baunscheidtverfahren: G. Kirchner: »Baunscheidt – Akupunktur des Westens«, Ariston Verlag; G. Tienes: »Der Baunscheidtismus«, Hippokrates Verlag.
Bewegungstraining: Dr. Edwin Flatto: »Gesund durch Bewegungstraining«, Waldthausen Verlag; H. Petzold: »Integrative Bewegungstherapie«, Junfermann Verlag.
Bioakustik: Ausbildungen zum Bioakustiker im Johanniterhof, W. Maiworm,

Kontaktadressen

Stumpenstr. 1, 78052 Obereschach, Tel.: 0 77 21/6 33 15, Fax: 0 77 21/7 43 06; Auskunft erteilt auch der BIO Ritter Verlag, Tutzing, Tel.: 0 81 58/80 21, Fax: 0 81 58/71 42, E-Mail: bioritter@aol.com, Internet: www.magazin-bio.de.
Biochemie: Dr. Schüßler: »Eine abgekürzte Therapie«, Rohm Verlag; Surya: »Homöopathie, Isopathie, Biochemie, Satrochemie und Elektrohomöopathie«, Rohm Verlag; Hans Wagner: »Rundum gesund mit Schüßler-Salzen«, Südwest Verlag; Monika Helmke Hausen: »Lebensquell Schüßersalze«, Hermann Bauer Verlag. Kontaktadresse: Biochemischer Bund Deutschlands e. V., In der Kuhtrift 18, 41541 Dormagen, Fax: 0 21 33/73 91 39, E-Mail: biochemie@bbdnet.de, Internet: www.biochemie-net.de.
Bioenergetik: A. und L. Lowen: »Bioenergetik für Jeden«, Peter Kirchheim Verlag.
Bioresonanztherapie: A. Baklayan: »Parasiten – Die verborgene Ursache vieler Erkrankungen«, Goldmann Verlag; Hulda Regehr Clark: »Heilung ist möglich«, Droemer Knaur Verlag; B. Köhler: »Biophysikalische Informationstherapie«, Gustav Fischer Verlag. Internationale Ärztegesellschaft für Biophysikalische Informationstherapie (BIT), Sandstraße 19, 79104 Freiburg, Tel.: 07 61/5 33 80, Fax: 07 61/5 75 22, Internet: www.bit-org.de; Vedasan Vertriebs GmbH für Bücher und Naturprodukte, Postfach 12 40, 65302 Bad Schwalbach, Tel.: 01 80/5 25 83 56, Fax: 0 61 28/4 10 98; Österreichische Ärztegesellschaft für Biophysik. Informations-Therapie, Schulstraße 17, A-2871 Zöbern, Tel.: 00 43/26 42/87 50, Fax: 00 43/26 42/87 50 13.
Bioresonanz-Zapper für den Heimgebrauch: Digezapper der Firma Helmle Med, Kazmairstr. 49, 80339 München, Tel.: 0 89/26 56 35, Fax: 0 89/23 26 97 68.
Biorhythus: Hugo Max Gross: »Biorhythmik – Das Auf und Ab unserer Lebenskraft«, Hermann Bauer Verlag.
Blumenbilder: Tita Heydecker, Künstlergemeinschaft Hallbergmoos, Schlossgut Erching, Seiboldhaus 4, 85399 Hallbergmoos, Tel.: 08 11/12 95. Acryl auf Leinwand, Bildformat: 25 x 25 cm.
Blutegeltherapie: U. Abele, E. W. Stiefvater: »Ascher-Fibel«; I. Müller: »Blutegeltherapie«, beides Haug Verlag.
Cantharidenpflaster: Abele: »Propädeutik der Humoraltherapie«, Haug Verlag.
Chinesische Medizin: Siehe »Akupunktur«.
Chiropraktik: Eder/Tilscher: »Chirotherapie«, Hippokrates Verlag; G. Fleming: »Die Dorn Methode«, Aurum Verlag. Arbeitsgemeinschaft für Chiropraktik, Osteopathie und Neuraltherapie, Wartburgstr. 52, 10832 Berlin; Dr. Jean-Pierre Cordey, Waisenhausplatz 10, CH-3011 Bern, Tel.: 00 41/31/ 3 28 22 33,

Fax: 00 41/31/3 28 22 20, E-Mail: cordey@chiropraktik.ch; Schweizerische Chiropraktoren-Gesellschaft, Sulgenauweg 38, CH-3007 Bern, Tel.: 00 41/31/ 3 71 03 01, Fax: 00 41/31/3 72 26 54, E-Mail: scgasc@swissonline.ch.
Darmgesundheit: H. Rieth: »Mykosen, Anti-Pilz-Diät«, notamed Verlag. Arbeitskreis für Mikrobiologische Therapie e. V., Kornmarkt 2, 35726 Herborn; Gesellschaft für Biologische Krebsabwehr e. V., Hauptstraße 44, 69117 Heidelberg, Tel.: 0 62 21/13 80 20, Fax: 0 62 21/1 38 02 20.
Darmreinigung: »Das große Buch der Darmreinigung«, BIO Ritter Verlag, Monatshauser Str. 8, 82327 Tutzing, Tel.: 0 81 58/80 21, Fax: 0 81 58/71 42.
Diät: Dr. med. Dörten Wolff: »Die revolutionäre Impuls-Diät – Schlank werden mit Appetit«, Mosaik Verlag.
Dorn-Methode (Chiropraktik): Herr Günther Gross (Leiter der Dorn-Seminare), Tel.: 0 75 20/92 31 95; Praxis Dieter Dorn, Tel.: 0 83 94/2 15 (nach einem Behandler in Ihrer Nähe fragen).
Eigenbluttherapie: V. Höveler: »Eigenbluttherapie«, Haug Verlag; H. Krebs: »Eigenbluttherapie«, Gustav Fischer Verlag.
Elektroakupunktur: Internationale medizinische Gesellschaft für Elektroakupunktur nach Voll, Am Sender 3, 47533 Kleve, Tel.: 0 28 21/2 78 33, Fax: 0 28 21/1 36 45.
Elektrotherapie: H. Edel: »Fibel der Elektrodiagnostik und Elektrotherapie«, Verlag Gesundheit; O. Gillert: »Elektrotherapie«, Pflaum Verlag; G. Heepen: »Hochfrequenztherapie in der Praxis«, Eigenverlag, Tuttlingen.
Ernährung: W. Kollath: »Die Ordnung unserer Nahrung«, Haug Verlag; Ingeborg Münzing-Ruef: »Kursbuch gesunde Ernährung – Die Küche als Apotheke der Natur«, Heyne Verlag; Ingeborg Münzing-Ruef/Stefanie Latzin: »Gesund mit der Kreta-Diät – Das Ernährungsgeheimnis für ein langes Leben«, Heyne Verlag; Leitzmann/Keller/Hahn: »Alternative Ernährungsformen«, Hippokrates Verlag; Koerber/Männle/Leitzmann: »Vollwert-Ernährung«, Haug-Hüthig Verlag. Deutsche Gesellschaft für Ernährung e. V., Im Vogelsgesang 40, 60488 Frankfurt, Tel.: 0 69/9 76 80 30, Fax: 0 69/97 68 03 99, Internet: www.dge.de; Eden-Stiftung zur Förderung naturnaher Lebenshaltung, Wiesbadener Weg 1, 65812 Bad Soden, Tel.: 0 61 96/64 33 40, Fax: 0 61 96/64 20 87; Schweizerische Vereinigung für Ernährung, Effingerstr. 2, Postfach 83 33, CH-3001 Bern, Tel.: 00 41/31/3 85 00 00, Fax: 00 41/31/3 85 00 05, E-Mail: info@sve.org, Internet: www.sve.org.
Familienaufstellung: Bei »Brennpunkt Neue Erde«, Frau Margit Hoffmann, erhalten Sie Adressen für eine Familienaufstellung in Ihrer Nähe, Tel.: 0 61 28/ 93 40 60, Fax: 0 61 28/93 40 62. Familienaufstellung bei Erbkrankheiten:

Dr. Baitinger, Am Stadtpark 95, 90408 Nürnberg, Tel.: 09 11/3 65 18 31, Fax: 0 9 11/35 92 99, E-Mail: regionalgruppe@baitinger-therapie.de; Weserbergland-Klinik, Dr. Arnold, Tel.: 0 52 71/98 23 21.
Farbtherapie: Christa Muths: »Farb-Therapie. Mit Farben heilen – der sanfte Weg zur Gesundheit«, Heyne Verlag.
Feng Shui: Chao-Hsui Chen: »Feng Shui – Gesund und glücklich wohnen in Buddhas Haus und Garten«, »Feng Shui für Schönheit und Wohlbefinden« und »Body Feng Shui – Die Botschaften des Körpers entschlüsseln«, alle im Heyne Verlag; Lam Kam Chuen: »Das Feng Shui Handbuch – Wie Sie Ihre Wohn- und Arbeitssituation verbessern«, Joy Verlag; Ulrike und Joachim Prinz: »Das Feng-Shui-Kochbuch«, Heyne Verlag; Sarah Bartlett: »Feng Shui der Liebe«, Heyne Verlag. Feng-Shui-Artikel: Magic Discount, Fax: 0 89/ 3 56 63 62 61, E-Mail: Magicdiscount@gmx.de.; Methusalem, Max-Eyth-Str. 39, 89231 Neu-Ulm, Tel.: 07 31/9 70 28 17, Fax: 07 31/9 70 28 18, E-Mail: methusalem-verlag@t-online.de.
Fitness: Alexander-Technik e. V. (GLAT), Guntramstraße 11, Freiburg; Buchtipp: F. M. Alexander: »Der Gebrauch des Selbst«, Kösel Verlag; »Die 7 Lotusblüten, Die Verjüngungsübungen vom Dach der Welt«, Nymphenburger, Herbig Verlagsbuchhandlung; »Die Fünf Tibeter«, Einführung von Chris Criscom, Integral; Interesse für Eutonie? Internet: www.eutonie.com; Buchtipp Feldenkrais: Anna Triebel-Thoma »Feldenkrais«, Gräfe & Unzer Verlag, 1989; Buchtipp ZaZen: Joe Hyams: »Der Weg der leeren Hand«, Zen in den Kampfkünsten, Knaur-Esoterik.
Fußdiagnose/Fußreflexzonen: Christa Muth: »Heilen durch Reflexzonentherapie«, Heyne Verlag; Avi Grinberg: »Fuß-Diagnose. Die Füße – Spiegel der Seele. Ein praktisches Arbeitsbuch«, Goldmann Verlag; Marquardt: »Lehrbuch der Reflexzonentherapie am Fuß«, Hippokrates Verlag.
Galvanotherapie: Weserbergland-Klinik Dr. Arnold, Tel.: 0 52 71/98 23 20; Herbert Sand, Lessingstr. 14, 73230 Kirchheim-Ötlingen, Tel.: 0 70 21/64 50; Informationen zur Galvano-Therapie erhalten Sie auch vom BIO Ritter Verlag, Monatshauser Straße 8, 82327 Tutzing, Tel.: 0 81 58/80 21, Fax: 0 81 58/71 42, E-Mail: bioritter@aol.com.
Ganzheitliche Medizin: Bernd Dost: »Heilung durch ganzheitliche Medizin«, Goldmann Verlag; »Die neuen Heiler – Wo Kranke wirklich Hilfe finden«, ISBN 3-7766-2096-X. Münchner Modellprojekt zur Integration von Naturheilverfahren, Kaiserstr. 9, 80801 München, Tel.: 0 89/33 04 10 40, Fax: 0 89/39 34 84; Verein für erweitertes Heilwesen e. V., Johannes-Kepler-Str. 56–58, 75347 Bad Liebenzell, Tel.: 0 70 52/20 34, Fax: 0 70 52/41 07; Zeitschrift für Körper,

Geist und Seele: BIO Ritter Verlag, Monatshauser Str. 8, 82327 Tutzing, Tel.: 0 81 58/80 21, Fax: 0 81 58/71 42, E-Mail: bioritter@aol.com.
Geistiges Heilen: Dr. Harald Wiesendanger: »Geistheiler – Der Ratgeber«, LEA Verlag, Internet: www.psi-infos.de; Rudolf Passian: »Abenteuer PSI«, Reichl Verlag; Dagny und Imre Kerner: »Heilen – Vom Umgang mit Geistheilern«, Heyne Verlag; W. Schiebeler: »Paranormale Heilmethoden auf den Philippinen«, Passat Verlag; W. Veldung: »Geist-Chirurgie in Bewusstsein und Heilung«, Passat Verlag. Der Arbeitskreis Radionik und Schwingungsmedizin e. V., Waldstr. 20, 23611 Bad Schwartau, Tel./Fax: 04 51/28 11 84 führt im Rahmen seiner Forschung »Wie Heilung geschieht« ein Pilotprojekt durch; Dachverband Geistiges Heilen e. V., Steigerweg 55, 69115 Heidelberg, Internet: www.dgh-ev.de.
Grafologie: Alfons Lüke: »Grafologie für Einsteiger« und »Das große Handbuch der Grafologie«, beides im Ariston Verlag; Marie Bernard: »Sex und Handschrift«, Seehamer Verlag; weitere Informationen erhalten Sie auch vom BIO Leserservice, Monatshauser Str. 8, 82327 Tutzing, Tel.: 0 81 58/80 21, Fax: 0 81 58/71 42, E-Mail: bioritter@aol.com.
Heilfasten: O. Buchinger: »Das Heilfasten und seine Hilfsmethoden als biologischer Weg«, Hippokrates Verlag; Brigitte Neusiedl: »Heilfasten – Harmonie von Körper, Geist und Seele«, Heyne Verlag; H. Lützner: »Wie neugeboren durch Fasten«, Gräfe und Unzer Verlag. Ärztegesellschaft für Heilfasten und Ernährung, Säntisstraße 82, 88662 Überlingen, Tel.: 0 75 51/80 78 05, Fax: 0 75 51/6 58 89.
Heilgebete: Prof. Berthold A. Mülleneisen: »Heilgebete – Spirituelle Kraft für Körper und Seele«, Herbig Verlag.
Heilpraktiker: Die Deutschen Heilpraktiker-Verbände, Danneckerstr. 4, 70182 Stuttgart, Tel.: 07 11/24 29 64, Fax: 07 11/60 42 21.
Heilsteine: »Das große Lexikon der Heilsteine, Düfte und Kräuter«, Methusalem Verlag; Gunther Vorreiter: »Die Heilenergie der Edelsteine«, Deutscher Sparbuchverlag; Dr. Flora Peschek-Böhmer: »Heilung durch die Kraft der Steine«, Ludwig Verlag. Versand: Methusalem, Max-Eyth-Str. 39, 89231 Neu-Ulm, Tel.: 07 31/9 70 28 17, Fax: 07 31/9 70 28 18, E-Mail: methusalem-verlag-@t-online.de.
Hexen: »Sibyllas Hexenkalender«, Goldmann Verlag; Infos auch unter www.hexen-online-org. Astrologische Hexen-Rituale: Fax: 0 89-5 46 95 68, E-Mail: Anna.Garuda@t-online.de, Internet: www.astro-garuda.de.
Hildegard-Medizin: W. Strehlow: »Hildegard-Heilkunde von A bis Z«, Knaur Verlag; Hertzka/Strehlow: »Die Edelsteinmedizin der heiligen Hildegard« und

»Handbuch der Hildegard-Medizin«, beides im Bauer Verlag. Förderkreis Hildegard von Bingen e. V., Nestgasse 2, 78464 Konstanz, Tel.: 0 75 31/3 14 87, Fax: 0 75 31/3 34 03, E-Mail: jura@hildegard.de, Internet: www.hildegard.de.; Bund der Freunde Hildegards e. V., Zentrum, A-5084 Großgmain, Tel.: 00 43/62 47/82 53.
Holunder: Astrid Winter »Geheimnisvolle Holunderkraft«, Windpferd Verlag (erhältlich auch über BIO-Versandservice, Tel.: 0 81 58/80 21, Fax: 0 81 58/ 71 42, bioritter@aol.com).
Homöopathie: Herbert Fritsche: »Die Erhöhung der Schlange«, Burgdorf Verlag; Stephen Cumming/Dana Ullman: »Das Hausbuch der Homöopathie«, Heyne Verlag; G. Vithoulkas: »Medizin der Zukunft«, Wenderoth Verlag; Herbert Fritsche: »Idee und Wirklichkeit der Homöopathie«, Burgdorf Verlag; Samuel Hahnemann: »Organon der Heilkunst«, Haug Verlag; »Enders Handbuch der Homöopathie«, Haug Verlag. Kontaktadressen: Deutscher Zentralverein homöopathischer Ärzte e. V., Am Hofgarten 5, 53113 Bonn, Tel.: 02 28/ 2 42 53 30, Fax: 0228/2 42 53 31; Bundesverband Patienten für Homöopathie e. V., Burgstraße 20, 37181 Hardegsen, Tel.: 0 55 05/10 70, Fax: 0 55 05/95 96 96, E-Mail: BPH-Mail@t-onIine.de, Internet: www.bph-online.de; Österreichische Gesellschaft für homöopathische Medizin, Mariahilferstr. 110, A-1070 Wien, Tel.: 00 43/1/5 26 75 75, E-Mail: sekretariat@homoeopathie.at, Internet: www.homoeopathie.at.
Humoraltherapie: J. Abele: »Propädeutik der Humoraltherapie«, Haug Verlag.
Hyperthermie: M. Heckel: »Ganzkörper-Hyperthermie«; P. Vaupel/W. Krüger: »Wärmetherapie mit wassergefilterter Infrarot-A-Strahlung«, alle im Hippokrates Verlag (in Bibliotheken erhältlich).
Hypnose: Bongartz: »Hypnosetherapie«, Hogrefe Verlag; H.-C. Kossak: »Hypnose«, Psychologie Verlags Union. Deutsche Gesellschaft für therapeutische Hypnoseforschung, Kaiserstr. 2 a, 66955 Pirmasens, Tel.: 0 63 31/7 37 74; Milton-Erickson-Gesellschaft f. Klin. Hypnose e. V., Waisenhausstr. 55, 80637 München, Internet: www.meg-hypnose.de
I Ging: »I Ging, Text und Materialien«, Diederichs Gelbe Reihe.
Indianerrituale zum Aufladen der Grundenergie: Peter Whiteheart: »Fit x Vier, Schwung und Energie durch das geheime Wissen der Indianer«, Smaragd Verlag; Kenneth Meadows: »Die Kraft der Indianer – Praktische Anleitung zum Schamanismus in heutiger Zeit« und »Das Buch des Schamanismus – Der sanfte Weg zu Weisheit, Kraft und innerer Harmonie«, beides im Heyne Verlag.
Katathyme Imaginationstherapie: H.-C. Leuner: »Katathym-Imaginative Psychotherapie«, Thieme Verlag.

Kinesiologie: Dr. med D. Klinghardt: »Lehrbuch der Psycho-Kinesiologie«, H. Bauer Verlag; A. Ertl: »Kinesiologie – Gesund durch Berühren«, Südwest Verlag; A. Holdway: »Kinesiologie – Der goldene Schlüssel zur Weisheit des Körpers«, Aurum Verlag. Kontaktadressen: Deutsche Gesellschaft für angewandte Kinesiologie, Dietenbacher Str. 22, 79199 Kirchzarten, Tel.: 0 76 61/98 07 56. Dort erhalten Sie Anwenderlisten über praktizierende Kinesiologen in Ihrer Wohnortnähe. Institut für Neurobiologie nach Dr. Klinghardt GmbH, Waldäckerstraße 27, 70435 Stuttgart, Tel.: 07 11/8 06 08 70. Augsburg: HP Richard Mayer-Sonnenburg, Loisachstraße 8a, 86179 Augsburg, Tel.: 08 21/88 04 71, Fax: 08 21/81 31 55; Akademie für Angewandte Kinesiologie, Kräuterdorf, A-8362 Söchau, Tel.: 00 43/33 87/32 10, Fax: 00 43/33 87/32 12; Schweizerische Gesellschaft für Angewandte Kinesiologie, Rosenbergerstr. 50 a, CH-9000 St. Gallen, Tel.: 00 41/71/22 12 66, Fax: 00 41/71/23 81 66.
Kneipp-Therapie: Bachmann/Schleinkofer: »Die Kneipp-Wassertherapie«, Trias Verlag; S. Kneipp: »Meine Wasserkur. So sollt ihr leben«, Ehrenwirth Verlag. Kneipp-Bund e. V., Bundesverband für Gesundheitsförderung, Adolf-Scholz-Allee 6, 86825 Bad Wörishofen, Tel.: 0 82 47/3 00 20, Fax: 0 82 47/30 02 99.
Kolloidales Silber: Helmle Med, Kazmairstraße 40, 80339 München, Tel.: 0 89/26 56 35, Fax: 0 89/23 26 97 68 (natürliches Antibiotika).
Kosmische Bestellungen: Bärbel Mohr: »Bestellungen beim Universum«, Omega Verlag.
Kraniosakrale Osteopathie: I. Hartmann: »Lehrbuch der Osteopathie«, Pflaum Verlag, und »Lehrbuch der Kraniosakraltherapie«, Haug Verlag.
Kräuterheilkunde: Eva Aschenbrenner: »Der Wildkräutergang«, SMV Verlag; Anita Höhne: »Medizin am Wegesrand – Die Heilkraft der Kräuterküche«, Heyne Verlag.
Kräutertraumkissen: Atlantis Magic Discount, Postfach 14 22, 83604 Holzkirchen, Fax: 0 89/5 46 95 68, E-Mail: Magicdiscount@gmx.de.
Krebsabwehr: Beyersdorff: »Biologische Wege zur Krebsabwehr«, Haug Verlag. Gesellschaft für Biologische Krebsabwehr (Kontaktstelle Heidelberg, Tel.: 0 62 21/13 80 20; Berlin, Tel.: 0 30/3 42 50 41; Düsseldorf, Tel.: 02 11/24 12 19; Hamburg, Tel.: 0 40/6 40 46 27; München, Tel.: 0 89/26 86 90).
Lapacho-Tee: Gibt es in guten Teeläden, Naturkostläden und im Reformhaus.
Lasertherapie: Danhof: »Lasertherapie in der Allgemeinmedizin«, WBV Verlag; J. Elias: »Laserakupunktur«, Aescura im Urban & Fischer Verlag.
Lymphdrainage: Gesellschaft für Manuelle Lymphdrainage nach Dr. Vodder, Kronengasse 3, 89073 Ulm.

Magische Öle: Gibt es bei Atlantis Magic Discount, Postfach 14 22, 83604 Holzkirchen, Fax: 0 89/5 46 95 68; E-Mail: Magicdiscount@gmx.de.
Magnetfeldtherapie: D. Hachenberg: »Therapie mit statischen Magnetfeldern« in »Erfahrungsheilkunde«; W. Ludwig: »Magnetfeldtherapie« in »Dokumentation der besonderen Therapien«. Arbeitskreis Biophysik und Magnetfeldtherapie, Hauptstraße 179, 67473 Lindenberg/Pfalz, Tel.: 0 63 25/29 22; Info Magnetfeld-Matten für Privat Fax: 089/5 46 95 68.
Manuelle Therapien: D. Heimann: »Leitfaden Manuelle Medizin«, G. Fischer Verlag; Gerda Flemming: »Die Dorn-Methode«, ISBN 3-591-08407-7. Dorn-Seminare über Günther Gross, Tel.: 0 75 20/92 31 95.
Massage: Richard Gordon: »Deine heilenden Hände – Eine Anleitung zur Polarity-Massage«, Heyne Verlag. Internat. Massage-Akademie des Weltverbandes der Masseure und Gesundheitstherapeuten, Schußwallgasse 1/10, A-1050 Wien, Tel. und Fax: 00 43/1/5 48 26 29, E-Mail: office@weltverband.com, Internet: www.weltverband.com.
Mayr-Kur: E. Rauch: »Die Darmreinigung nach F. X. Mayr«, und »Die Diagnostik nach F. X. Mayr«, beides im Haug Verlag. Mayr-Kur-Verein, Hauptstraße 34, 88179 Oberreute, Tel.: 08 83 87/12 33; Gesellschaft der Mayr-Ärzte e. V., Gesundheitszentrum am Wörther See, A-9082 Maria Wörth-Dellach, Tel.: 00 43/42 73/25 11.
Meditation: Drs. Schachinger/Schrott: »Gesundheit aus dem Selbst: Transzendentale Meditation«, ISBN 3-933496-42-X; Gottwald/Howald: »Selbsthilfe durch Meditation«, MVG.
Mikrobiologische Therapien: M. Martin: »Leitfaden der mikrobiologischen Therapie«, Ralf Reglin Verlag. Arbeitsgemeinschaft für Mikrobiologische Therapie, Am Deutschherrnberg 19, 35578 Wetzlar, Tel.: 0 64 41/4 53 73.
Moxibustion: Auteroche: »Übungen zur Akupunktur und Moxibustion«, Hippokrates Verlag; Wühr: »Chinesische Akupunktur und Moxibustion«, Verlag für Ganzheitliche Medizin.
Naturheilkunde: Dr. Schmiedel/Dr. Augustin: »Handbuch Naturheilkunde«, Haug Verlag; A. Höhne/Dr. med. L. Hochenegg: »Kursbuch Naturheilkunde«, Heyne Verlag; Bierbach: »Naturheilpraxis Heute«, Urban & Fischer Verlag. Deutscher Naturheilbund, Kreuzbergstr. 45, 74564 Crailsheim, Tel.: 0 79 51/55 04, Fax: 0 79 51/4 46 54; Münchner Modellprojekt zur Integration von Naturheilverfahren, Kaiserstr. 9, 80801 München, Tel.: 0 89/3 30 410 40, Fax: 0 89/39 34 84; Eine achtseitige Broschüre »Heilen mit der Natur« ist bei der Verbraucher Initiative, Elsenstr. 106, 12435 Berlin zu erhalten, Internet: www.verbraucher.org.

Neuraltherapie: Dosch: »Lehrbuch der Neuraltherapie nach Huneke«, Haug Verlag; Badtke/Mudra: »Neuraltherapie«, Ullstein Mosby Verlag.
Noni-Saft: »Fit und vital mit der Kahuna-Zauberfrucht Noni«, Windpferd Verlag. Noni-Saft auch über Brigitte Versand, Johannesstraße 118, 73614 Schorndorf, Tel.: 0 71 81/7 32 92, Fax: 0 71 81/7 50 33, E-Mail: Brigitte-Versand@t-online.de, oder bei der Firma Helmle Med, Kazmairstr. 49, 80339 München, Tel.: 0 89/26 56 35, Fax: 0 89/23 26 97 68.
Ölsaugen/Ölkur: Norbert Messing: »Gesund und fit durch Ölsaugen«, BIO Ritter Verlag Tutzing, Tel.: 0 81 58/80 21, Fax: 0 81 58/71 42, E-Mail: bioritter@aol.com.
Orgontherapie: Wilhelm Reich: »Die Entdeckung des Orgons I«, Kiepenheuer & Witsch Verlag; Herskowitz: »Emotionale Panzerung«, Lit Verlag; »Psychiatrische Orgontherapie« in »Lebensenergie«, Zeitschrift für Orgonomie, 1-5/1995; James De Meo: »Der Orgonakkumulator – Ein Handbuch«, 2001 Verlag; »Orgon-Energie«, Granit Verlag. Wilhelm Reich Institut für Interdisziplinäre Therapie und Beratung e. V., Dr. med. D. und M. Fuckert, Im Bräunlesrot 20, 69429 Waldbrunn, Tel.: 0 62 74/92 93 77, Fax: 0 62 74/53 45, E-Mail: praxis@fuckert.de, Internet: www.fuckert.de; Verein zur Förderung der Orgonenergie (VFO), Dürerstraße 10, 68542 Heddesheim, Tel.: 0 62 03/49 41 55; Bioaktiv GmbH, Am Neugraben 10, 91598 Colmberg, Tel.: 0 98 03/91 11-0, Fax: 0 98 03/3 09, Hersteller des Orgonstrahlers von Arno Herbert.
Orthomolekulare Therapie: Dr. Lothar Bugerstein: »Heilwirkung von Nährstoffen«, Haug Verlag; Earl Mindell: »Die Nährstoff-Bibel – Handbuch der Nahrungsergänzungsmittel«, Heyne Verlag; »Vitamine, Mineralstoffe, Spurenelemente in Medizin, Ernährung und Umwelt«, Periodicum, Hippokrates Verlag, erscheint viermal jährlich; C. C. Pfeiffer: »Nährstoff-Therapie bei psychischen Störungen«, Haug Verlag. Burgerstein-Produkte gibt es in vielen Apotheken oder Sie fragen bei der Firma Switamin nach Bezugsquellen: Tel.: 00 41/1/7 71 77 11 oder Fax: 00 41/1/7 15 35 11, E-Mail: Info@switamin.com; Forschungskreis für Molekulartherapie nach Koch, Bruno-Lauenroth-Weg 31, 22417 Hamburg, Tel.: 0 40/5 20 05 51, Fax: 0 40/5 20 33 10; Stiftung zur Internationalen Förderung der Orthomolekularen Medizin, Postfach, CH-8640 Rapperswil, Tel.: 00 41/55/27 72 91.
Oxithermie: M. Heckel: »Ganzkörper-Hyperthermie«, P. Vaupel/W. Krüger: »Wärmetherapie mit wassergefilterter Infrarot-A-Strahlung«, alle im Hippokrates Verlag (in Bibliotheken erhältlich).
Parasiten: Hulda Regehr Clark: »Heilung ist möglich«, Knaur Verlag; Baklayan: »Parasiten, die verborgene Ursache vieler Erkrankungen«, Goldmann Verlag, siehe auch »Darmgesundheit«.

Phytotherapie: Fischer/Krug: »Heilpflanzen und Arneipflanzen«, Haug Hüthig Verlag; Weiss/Fintelmann: »Lehrbuch der Phytotherapie«, Hippokrates Verlag; Wenigmann: »Phytotherapie«, Aescura im Verlag Urban & Fischer.
Power-(Buddha-)Armbänder: Sind im esoterischen Fachhandel erhältlich, aber auch bei der Firma Methusalem (siehe Heilsteine) oder der Firma Magic Discount, Fax: 0 89/3 56 63 62 61 und Fax: 0 89/5 46 95 68, siehe »Amulette«.
Psycho-Training: G. Ritter: »Psycho-Training – Das kleine Buch vom glücklichen Leben«, BIO Ritter Verlag, 82327 Tutzing, ISBN 3-920788-39-7.
Pyramiden: Rudi Ph. Weilmünster: »Praxis der Pyramidenenergie«, E-Mail: info@rudiphweilmuenster.de, Internet: www.rudiphweilmuenster.de. Pyramiden gibt es in großer Auswahl im esoterischen Fachhandel oder bei Magic Discount, Fax: 0 89/3 56 63 62 61, Magicdiscount@gmx.de.
Qi Gong: Ute Engelhardt: »Die klassische Tradition der Qi-Übungen (Qigong)«, MLV Verlag; Liu Quingshan: »Qi Gong«, Hugendubel Verlag; Ulli Olvedi: »Das Stille Qi Gong«, Heyne Verlag. Kurse über Qi Gong bietet fortlaufend die SMS (Adresse siehe Akupunktur); Akuna Gesellschaft für Klassische Chinesische Medizin und Alternativmedizin, Deutsches Akupunkturzentrum, Zu den Kuranlagen 1, 69429 Waldbrunn, Tel.: 0 62 74/68 34, Fax: 0 62 74/68 39; Forschungsinstitut für Chinesische Medizin e. V., Silberbachstr. 10, 79100 Freiburg, Tel.: 07 61/7 72 34.
Räucherwaren/-stäbchen: Gibt es im esoterischen Fachhandel oder bei Magic Discount, Postfach 14 22, 83604 Holzkirchen, Fax: 0 89/5 46 95 68, E-Mail: Magicdiscount@gmx.de.
Reiki: U. M. Klemm: »Reiki – das Handbuch für die Praxis«, Heyne Verlag. Reiki-Center, Gesellschaft für esoterische Schulung, Altvaterstr. 2, 14129 Berlin, Tel.: 0 30/8 03 18 24.
Reisen: »Verträglich Reisen«, Postfach 40 19 03, 80719 München, Tel.: 0 89/ 3 08 81 28, Fax: 0 89/3 08 81 18, E-Mail: info@vertraeglich-reisen.de oder Internet: www.vertraeglich-reisen.de.
Roiboos-Tee: Gibt es in guten Teeläden und Reformhäusern.
Rolfing: Peter Schwind: »Alles im Lot: Rolfing. Der Weg zu körperlichem und seelischem Gleichgewicht«, Goldmann Verlag; H.-G. Brecklinghaus: »Rolfing – Was es kann, wie es wirkt und wem es hilft«, Lebenshaus Verlag; Ida Rolf: »Rolfing – Strukturelle Integration«, Hugendubel Verlag; Ida Rolf: »Rolfing im Überblick, Physische Wirklichkeit und der Weg zu körperlicher Balance«, Junfermann Verlag. European Rolfing Association e. V., Kapuzinerstr. 25, 80337 München, Tel.: 0 89/54 37 09 40, Fax: 0 89/54 37 09 42, E-Mail: rolfing-

europe@compuserve.com, Internet: www.rolfing.org; Geschäftsstelle i. d. Schweiz Tel.: 00 41/8 78/80 01 30, und E-Mail: info@rolfing.ch, zu erreichen.
Sauerstoff- und Ozontherapie: M. Almeling & W. Welslau: »Grundlagen der hyperbaren Sauerstofftherapie«, Archimedes Verlags-GmbH; Rilling/Viebahn: »Praxis der Ozon-Sauerstoff-Therapie«, Fischer Verlag; Stadtlaender: »HOT«, Haug Verlag. Ardenne-Institut für Angewandte Medizinische Forschung, Zeppelinstr. 7, 01324 Dresden, Tel.: 03 51/2 63 74 00, Fax: 03 51/2 63 74 44; Hyperbares Sauerstoffzentrum GmbH, Karlstraße 42, 80333 München, Tel.: 0 89/54 82 31 22, Fax: 0 89/54 82 31 50, E-Mail: HBOZentrum@aol.com, oder Internet: www.HBOZentrum.de.
Schröpfen: J. Abele: »Das Schröpfen«, erschienen im Gustav Fischer Verlag.
Selbstbewusstsein: Peter Lauster: »Selbstbewusstsein«, Econ Verlag.
Selbsthilfegruppen: »Wegweiser Selbsthilfegruppen« im Psychosozial Verlag, Friedrichstr. 35, 35392 Gießen, Tel.: 04 61/7 78 19.
Shiatsu: W. Rappenecker: »Shiatsu für Anfänger«, Goldmann Verlag; Shiatsu für Fortgeschrittene: Jarmey/Mojay: »Das Große Shiatsu Handbuch«, Barth Verlag; Saul Goodman: »Shiatsu – Ein praktisches Handbuch«, Heyne Verlag; Paul Lundberg: »Die Heilende Kraft des Shiatsu«, Mosaik Verlag, Shizuto Masunaga: »Das Große Buch der Heilung durch Shiatsu«, Scherz Verlag. Gesellschaft für Shiatsu in Deutschland, Winterfeldtstraße 97, 10777 Berlin, Tel.: 0 30/2 18 27 03, Fax: 0 30/2 17 71 50 (Auskunft über Shiatsu-Schulen).
Spagyrische Heilweisen: Ch. und D. Casagrande: »Spagyrik – Paracelsus-Medizin im Alltag«, Ludwig Verlag; Fritschi: »Spagyrik«, Gustav Fischer Verlag; Heinz: »Spagyrik – die medizinische Alternative«, Bauer Verlag. Laboratorium Soluna, Heilmittel GmbH, Artur-Proeller-Straße 9, 86609 Donauwörth, Tel.: 09 06/70 60 60, Fax: 09 06/7 06 06 78, E-Mail: info@Soluna.de, Internet: www.Soluna.de (auch über spagyrische Kosmetikprodukte).
Spirulina: Marianne E. Meyer: »Spirulina - Das blaugrüne Wunder«, Windpferd Verlag, auch erhältlich bei BIO Ritter Verlag, Monatshauser Str. 8, 82327 Tutzing, Tel.: 0 81 58/80 21, Fax: 0 81 58/71 42, E-Mail: bioritter@aol.com.
Stimmfrequenz-Therapie: Ausbildungen zum Bio-Akustiker im Johanniterhof, W. Maiworm, Stumpenstr. 1, 78052 Obereschach, Tel.: 0 77 21/6 33 15, Fax: 0 77 21/7 43 06. Auskunft erteilt auch der BIO Ritter Verlag, Tutzing, Tel.: 0 81 58/80 21, Fax: 0 81 58/71 42, E-Mail: bioritter@aol.com; Internet: www.magazin-bio.de.
Suggestion: C. Baudouin: »Suggestion und Autosuggestion«, Basel; Bürgin: »Konzentratives Bewusstseinstraining zur Anregung der Selbstheilungskräfte«, Erfahrungsheilkunde 4/91.

Tai-Chi: Al Huang: »Lebensschwung durch Taichi«, O. W. Barth Verlag; Frieder Anders: »Taichi – Chinas lebendige Weisheit«, Heyne Verlag; Toyo und Petra Kobayashi: »Tai Chi Chuan«, Hugendubel Verlag; Robert Parry: »Taiji – Das Handbuch zum Erlernen der Übungen«, Heyne Verlag; Ute Engelhardt: »Theorie und Technik des Taiji Quan«, WBV Biologisch-Medizinische Verlags-GmbH. Kurse in Tai-Chi bietet fortlaufend die SMS, Adresse siehe »Akupunktur«, weitere Adressen siehe »Qi-Gong«.
Tantra: Ashley Thirleby: »Das Tantra der Liebe« und »Tantra-Reigen der vollkommenen Lust«, beides Scherz Verlag.
Tarot: Gute Tarotbücher und -karten gibt es im esoterischen Fachhandel oder bei Magic Discount, Fax: 0 89/3 56 63 62 61 und Fax: 0 89/5 46 95 68, E-Mail: Magicdiscount@gmx.de.
Thermalbäder: Therme Bad Endorf, Rathaus, Bahnhofstraße 6, 83093 Bad Endorf, Tel.: 0 80 53/30 08 22 und Fax: 0 80 53/30 08 30; Chiemgau-Thermen, Ströbinger Straße 18, 83093 Bad Endorf, Tel.: 0 80 53/20 09-0, Fax: 0 80 53/ 34 00, Internet: www.chiemgau-thermen.de.
Tibetische Heilkunst: Franz Reichle: »Das Wissen vom Heilen, Tibetische Medizin«, Haupt Verlag; N. Qusar, Robert Sachs: »Tibetisches Ayurveda«, Heyne Verlag; J. C. Sergent: »Tibetische Medizin und Ernährung«, Knaur Verlag; Egbert Asshauer: »Tibets sanfte Medizin«, Herder Verlag. Infos über Tibetische Rezepturen: Padma AG, Wiesenstraße 5, CH-8603 Schwerzenbach.
Tierkreiszeichen-Bilder: Konrad Dördelmann, Künstlergemeinschaft Hallbergmoos, Schlossgut Erching, Seiboldhaus 4, 85399 Hallbergmoos, Tel.: 08 11/12 95, und Preinerszeller Str. 4, 85301 Schweitenkirchen, Tel.: 0 84 44/74 73. Handkolorierte Radierungen aller zwölf Tierkreiszeichen, Bildformat: 20 x 15 cm, Papierformat: ca. 39,5 x 26,5 cm, Handabzug auf 300-g-Hahnemühle-Bütten-Kupferdruckkarton. Jedem Bild ist eine 18-seitige Schrift »Erklärungen zur Symbolik« beigefügt. Erhältlich auch unter der Internetadresse: www.astrogaruda.de.
Traumdeutung: Anna D. Garuda: »Träume – Seelenbotschaften und Zukunftsvisionen«, Goldmann Verlag; Anna D. Garuda: »Das Erotische Traumbuch«, Droemer Knaur Verlag.
Tuina-Massage: A. Meng: »Lehrbuch der Tuina-Therapie«, Haug Verlag; Yuanping/Deng: »Quintessenz der Tuina-Behandlung«, Verlag für Ganzheitliche Medizin. Weitere Information siehe unter »Akupunktur«.
Urintherapie: Abele/Herz: »Die Eigenharnbehandlung«, Haug Verlag; C. Thomas: »Ein ganz besonderer Saft – Urin«, Vgs.
Vitalsonnen: Fa. Weinsberger Solargesellschaft W. Stendel GmbH, Sulm-

straße 9, 74189 Weinsberg, Telefon: 0 71 34/96 15 00, Fax: 0 71 34/1 43 17, E-Mail: weinsberger@t-online.de.
Wasser: F. Batmangehelidj: »Heilendes Wasser«, »Wasser, die gesunde Lösung«, VAK Verlag; Karin Schutt: »Wasser – Quelle für Wohlbefinden und Schönheit«, Gräfe und Unzer Verlag; H. Kronberger/S. Lattacher: »Auf der Spur des Wasserrätsels« sowie »Das Grander-Journal«, beide im Uranus Verlag; »Sonnen-Zeitung, Das Magazin für Erneuerbare Energie«, Uranus Verlagsges. m.b.H., Lange Gasse 48/5, A-1080 Wien, Tel.: 00 43/1/4 03 91 11-0, Fax: 00 43/1/4 03 91 11-33, E-Mail: sonnenzeitung@uranus.at, www.uranus.at.
Yoga: Erling Petersen: Yoga – Das große Übungsbuch für Anfänger und Fortgeschrittene«, Heyne Verlag; Hans H. Rhyner: »Gesund und schön durch Yoga«, BLV; Susi Rieth: »Yoga-Heilbuch«, Heyne Verlag; L. Frank/U. Ebbers: »Gesundheit und Spannkraft durch YOGA«, Falken Verlag; Kareen Zebroff: »Yoga-Übungen für jeden Tag«, Fischer Verlag. Förderverein für Yoga und Ayurveda e. V., Weidener Straße 3, 81737 München, Tel.: 0 89/6 37 10 12; Schweizer Yogaverband, Seilerstr. 24, CH-3011 Bern, Tel.: 00 41/31/3 82 18 10, Fax: 00 41/32/9 41 50 41, E-Mail: swissyoga@compuserve.com, Internet: www.swissyoga.ch.
Zahlenmagie: Anna D. Garuda: »Zahlenmagie – Ihre numerologischen Glückszahlen« und »Lottoglück & Co. – Zehn traumhafte Wege zum Glück im Spiel«.
Zehensocken: Erhältlich bei Letz Go, 72379 Hechingen, Tel./Fax: 0 74 71/ 1 61 20, www.zehensocken.de.vu.
Zeitschrift ASTRO: fortune + fortune gmbh, Leopoldstr. 17, 80802 München, Fax: 0 89/34 01 90 39.
Zeitschrift für Erneuerbare Energie: »Sonnen-Zeitung«, Uranus Verlagsges. m.b.H., Lange Gasse 48/5, A-1080 Wien, Tel.: 00 43/1/4 03 91 11-0, Fax: 00 43/1/4 03 91 11-33.
Zeitschrift für Körper, Geist und Seele: BIO – Gesundheit für Körper, Geist und Seele, BIO Ritter Verlag, Monatshauser Str. 8, 82327 Tutzing, Tel.: 0 81 58/ 80 21, Fax: 0 81 58/71 42, E-Mail: bioritter@aol.com.
Zeitschrift VISIONEN: Sandila Import-Export Handels GmbH, Sägestraße 37, 79737 Herrischried, Tel.: 0 77 64/9 39 70.
Zentrum für ganzheitliches Denken: Fax: 0 89/3 56 63 62 61, E-Mail: Ganzheitszentrum@inetmail.de

Weitere Bücher und Kontaktadresse der Autorin

»Seelen-Blues – Von Menschen und anderen Wesen. Wahre Geschichten und Erzählungen«, Haag & Herchen Verlag Frankfurt, ISBN 3-86137-392-0.
Dieses Buch erzählt die ganz unterschiedlichen Geschichten von Menschen und Tieren und deren innerem Geschehen: Empfindungen, Ahnungen, seelische Schwingungen, Sehnsüchte, Ängste, Träume, Visionen und vieles mehr. In liebevoller Erzählkunst führt uns die Autorin auf geheimnisvollen Pfaden in menschliche und tierische Seelenlandschaften und lässt unsere eigene Seele in diesen Empfindungen baumeln!

»Träume – Seelenbotschaften und Zukunftsvisionen. Das große Traumdeutungs-Lexikon«, Goldmann Verlag, München, ISBN 3-442-21528-5.
Die Traumexpertin regt dazu an, den Träumen auf die Spur zu kommen und ihre tiefe Botschaft zu verstehen. Traummotive und Traumgeschehen werden in dreifacher Hinsicht gedeutet: als tiefenpsychologische Aussage, als visionäre Botschaft im Hinblick auf zukünftige Ereignisse und als Symbol. Dieses umfassende Lexikon bietet differenzierte, jedoch gut verständliche Erläuterungen. Es eröffnet Ihnen einen leichten Einstieg in die Kunst der Traumdeutung!

»Der große Astrokalender – Jahres-, Monats- und Tagesprognose für alle Tierkreiszeichen«, Goldmann Verlag, München, ISBN 3-442-30842-9.
In diesem Buch erhalten Sie eine fundierte astrologische Zukunftsschau für jeden Monat des Jahres. Der große Astro-Kalender verrät Ihnen, was Sie in Beruf, Gesundheit, Finanzen sowie Liebe und Freundschaft erwartet. Zusätzlich finden Sie eine tabellarische Darstellung der günstigen Zeiten beziehungsweise negativen Einflüsse, eine ausführliche Allgemeincharakteristik der zwölf Tierkreiszeichen, die Vorstellung berühmter Persönlichkeiten, die großen Transite eines Jahres und allerlei Informationen zu Hobbys, günstigen Farben, Heilpflanzen, Edelsteinen und vielem mehr!

»Das erotische Traumlexikon«, Droemer Knaur Verlag, München, ISBN 3-426-77531-X.
Entdecken Sie die sinnlichen Botschaften Ihrer Träume: Das erotische Träume-Lexikon von A bis Z; praktische Traumdeutungsbesipiele; die erotischen Göttinnen und Götter in uns! Welche erotischen oder romantischen Liebesbotschaften sind in unseren Traumsymbolen verborgen? Das erste erotische

Traumlexikon, das rund 300 Traumsymbole und -motive nach tiefenpsychologischen Aussagen entschlüsselt und deutet und dabei berücksichtigt, ob der Träumende eine Frau oder ein Mann ist.

»Lottoglück & Co. – Zehn traumhafte Wege zum Glück im Spiel«, ISBN 3-8311-0625-8.
In diesem Buch erfährt der Leser die tiefsten Geheimnisse der Geisteswissenschaften. Dank des »Königswegs« oder des »Prinzenwegs« kann der Leser sein Glück im Spiel bewusst aktivieren. Die wichtigsten Kenntnisse der Astrologie, der Numerologie, der Magie, der Psychologie, der Traumdeutung und viele zusätzliche Hilfsmittel oder Rituale ermöglichen es ihm, aktiv und fröhlich an seiner Lebensverbesserung (materiell, seelisch und geistig) mitzuwirken!

»Zahlenmagie – Ihre numerologischen Glückszahlen«, ISBN 3-8311-1986-4.
Dieses Buch ist für jene Menschen geschrieben, die ihr spirituelles Wissen auf leicht verständliche Weise erweitern wollen. Aber auch für jene, die die positive Energie und Kraftquelle der Zahlenmagie für eine aktive Lebensverbesserung und für lohnende Ziele umsetzen möchten. Für jeden erlernbar wird die magische Kraft der chaldäisch-kabbalistischen Numerologie aufgezeigt und die geistige Verwandtschaft mit Astrologie und Magie erklärt. Zahlreiche Tipps zur persönlichen Lebensverbesserung und gezielten Aktivierung spezieller Lebensbereiche runden diese Erkenntnisse ab!

Alle Bücher sind im (Internet-)Buchhandel erhältlich oder direkt bei der Autorin handsigniert zu bestellen!

Kontaktadresse

Anna D. Garuda
Fax: 0 89/5 46 95 68
E-Mail: Anna.Garuda@t-online.de
Internetadresse: www.astro-garuda.de